STR
A COMUN
(şi neferic

Volume publicate la Humanitas de același autor:

Istorie și mit în conștiința românească (1997, 2000, 2002, 2006, 2010, 2011)

Jocul cu trecutul. Istoria între adevăr și ficțiune (1998, 2002, 2008)

Două secole de mitologie națională (1999, 2005, 2011)

Mitologia științifică a comunismului (1999, 2005, 2011)

Sfârșitul lumii. O istorie fără sfârșit (1999, 2007)

Pentru o istorie a imaginarului (2000, 2006)

România, țară de frontieră a Europei (2002, 2005, 2007)

Mitul democrației (2003)

Între înger și fiară. Mitul omului diferit din Antichitate până în zilele noastre (2004, 2011)

Jules Verne. Paradoxurile unui mit (2005)

Omul și clima. Teorii, scenarii, psihoze (2005)

Tinerețe fără bătrânețe. Imaginarul longevității din Antichitate până astăzi (2006)

Occidentul. O interpretare istorică (2007)

Napoleon III cel neiubit (2008)

„Germanofilii". Elita intelectuală românească în anii Primului Război Mondial (2009, 2010)

Franța, hegemonie sau declin? (2010)

Tragedia Germaniei: 1914–1945 (2010, 2015)

Capcanele istoriei. Elita intelectuală românească între 1930 și 1950 (2011)

Istoriile mele. Eugen Stancu în dialog cu Lucian Boia (2012)

Explorarea imaginară a spațiului (2012)

De ce este România altfel? (2012)

Eugen Brote (1850–1912). Destinul frânt al unui luptător național (2013)

Sfârșitul Occidentului? Spre lumea de mâine (2013)

Balcic. Micul paradis al României Mari (2014)

Primul Război Mondial. Controverse, paradoxuri, reinterpretări (2014)

Dosarele secrete ale agentului Anton. Petru Comarnescu în arhivele Securității (2014)

Suveranii României: Monarhia, o soluție? (2014)

Maria, regina României, *Jurnal de război* (3 vol., editor) (2014–2015)

Cum s-a românizat România (2015)

Mihai Eminescu, românul absolut. Facerea și desfacerea unui mit (2015)

LUCIAN BOIA

STRANIA ISTORIE A COMUNISMULUI ROMÂNESC

(și nefericitele ei consecințe)

HUMANITAS
BUCUREȘTI

Redactor: Adina Săucan
Coperta: Ioana Nedelcu
Tehnoredactor: Manuela Măxineanu
Corector: Iuliana Glăvan
DTP: Radu Dobreci, Carmen Petrescu

Tipărit la Tipo Lidana – Suceava

Descrierea CIP a Bibliotecii Naţionale a României
Boia, Lucian
Strania istorie a comunismului românesc
(şi nefericitele ei consecinţe) / Lucian Boia. –
Bucureşti: Humanitas, 2016
ISBN 978-973-50-5278-2
94(498)

EDITURA HUMANITAS
Piaţa Presei Libere 1, 013701 Bucureşti, România
tel. 021 408 83 50, fax 021 408 83 51
www.humanitas.ro

Comenzi online: www.libhumanitas.ro
Comenzi prin e-mail: vanzari@libhumanitas.ro
Comenzi telefonice: 021 311 23 30

Introducere

România, mereu altfel

ÎN URMĂ CU CÂȚIVA ANI, am lansat ipoteza unei Românii *altfel*[1]. Firește, toate țările și toate popoarele sunt *altfel*, cu alte cuvinte fiecare dintre ele prezintă, pe lângă ceea ce se înscrie în fondul comun al umanității, și o serie întreagă de trăsături specifice, de natură să le individualizeze. Părerea pe care am susținut-o – și nu mi-am modificat-o între timp – este aceea că România înfățișează, în multe privințe, trăsături deosebitoare încă și mai accentuate, în raport cu Europa în ansamblu sau chiar cu națiunile aflate în imediata ei vecinătate.

---

1. Lucian Boia, *De ce este România altfel*, Humanitas, București, 2012.

De la bun început, e singurul popor latin care s-a format și a evoluat în jumătatea „cealaltă“, jumătatea slavă a continentului european: „o insulă latină într-o mare slavă“. Româna e o limbă romanică, dar împânzită cu numeroase alte elemente: probabil cea mai amestecată dintre limbile europene. Statele românești, Țara Românească și Moldova, au apărut neînchipuit de târziu pe harta Europei, atunci când țările vecine – Bulgaria, Ungaria, Polonia – aveau o întreagă istorie în urma lor. Ce au făcut românii până în secolul al XIII-lea este aproape un mister; lipsa informației a permis imaginarea unor scenarii complet contradictorii. Fapt este că Evul Mediu începe la români atunci când în restul Europei e pe sfârșite. „Întârzierea istorică“ și-a pus puternic amprenta asupra societății românești, rămasă multă vreme în cadre rurale tradiționale. Spre deosebire de toți ceilalți latini, românii sunt ortodocși; au îmbrățișat până târziu cultura slavonă, apoi au primit o importantă infuzie culturală grecească. S-au detașat însă brusc de Orient în secolul al XIX-lea, preluând, la nivelul elitelor, modelul cultural și politic occidental. România e o creație relativ recentă, alcătuită din mai multe țări și regiuni, locuite în majoritate de români, dar nu numai de români, și care au parcurs istorii diferite: „mica

România" datează de la 1859, iar „România Mare" abia din 1918.

Nu e de mirare că și comunismul românesc a avut nu puține trăsături specifice. Desigur, nu a fost un cu totul alt comunism. Comunismul de pretutindeni pornește de la aceleași texte fondatoare (Marx, Engels, Lenin, fără a-l uita, la vremea lui, pe Stalin) și se supune unor condiții obligatorii, dincolo de care și-ar pierde identitatea (spre deosebire de ceea ce numim cu destulă aproximație „fascism", prin extinderea termenului aplicat inițial regimului mussolinian din Italia, asupra unor ideologii și regimuri, relativ înrudite, dar și destul de diferite între ele, precum nazismul german, legionarismul românesc, franchismul spaniol, salazarismul portughez...). Totuși, în măsura în care și comunismul a permis un oarecare joc între anumite limite, nici un experiment comunist – cel puțin în peisajul european – nu a fost atât de „special" și cu evoluții atât de neașteptate și de „divergente" precum comunismul românesc. Se va vedea astfel cum țara cu cei mai puțini comuniști a devenit țara cu partidul comunist cel mai numeros (în termeni relativi); cum o societate abia atinsă de ideologia comunistă s-a comunizat în profunzime, până într-atât încât s-a despărțit mai greu de comunism ca oricare alta; cum, virulent antinațional într-o primă fază, comunismul a sfârșit prin a deveni ultranaționalist; cum s-a inventat în România comunismul dinastic, fără echivalent în Europa și comparabil (fără a-și pierde nota de originalitate) doar cu regimul din Coreea de Nord; cum România, după ce ani de zile părea a fi societatea care s-a opus cel mai puțin regimului comunist, s-a ridicat împotriva lui Ceaușescu printr-o revoluție sângeroasă (singura de acest gen în spațiul comunist) – împotriva lui Ceaușescu, dar nu neapărat și împotriva alcătuirilor comuniste: într-adevăr, pentru ca paradoxul să fie complet, cea mai violentă revoluție „anticomunistă" s-a prelungit prin cea mai lentă și mai incompletă desprindere de comunism!

Toate aceste paradoxuri au o explicație. Sau și-o caută. E ceea ce-și propune cartea de față: dincolo de simpla descriere, o interpretare a fenomenului comunist românesc.[2]

---

2. Priviri de ansamblu asupra comunismului românesc: Dennis Deletant, *România sub regimul comunist*, Fundația Academia Civică, București, 1997; și în engleză: *Romania under Communist Rule*, 1998; Adrian Cioroianu, *Pe umerii lui Marx. O introducere în istoria comunismului românesc*, Curtea Veche, București, 2005; Vladimir Tismăneanu, *Stalinism pentru eternitate. O istorie politică a comunismului românesc*, ediție revăzută și adăugită, Humanitas, București, 2014; Comisia prezidențială pentru analiza dictaturii comuniste din Ro-

Terminologie: „comunism", sau „socialism"?

ÎN ACEASTĂ CARTE, comunismului i se va zice, simplu și invariabil, *comunism*: ceea ce trebuie să admitem că a și fost. Multiplicarea termenilor – fără suficiente explicații – riscă să provoace confuzii.

Se spune, astfel, frecvent, în numeroase lucrări, „socialism", în loc de comunism. Regim socialist, țări socialiste, industrializare socialistă... Termenul e preluat din teoria comunistă și din limbajul folosit în epocă. Normal e însă să vorbim în limba noastră, nu în limba lor, și mai ales să definim termenii fără echivoc. Socialismul, în cazul acesta, nu e socialism, ci tot... comunism. Potrivit „învățăturii marxist-leniniste", în „orânduirea comunistă" s-ar fi succedat două faze, socialismul mai întâi, apoi comunismul „desăvârșit": socialismul fiind, în fond, etapa de trecere spre comunism, în care „forțele

---

mânia, *Raport final*, editori: Vladimir Tismăneanu, Dorin Dobrincu, Cristian Vasile, Humanitas, București, 2007 (în continuare, *Raport final*); *Iluzia anticomunismului. Lecturi critice ale raportului Tismăneanu*, coordonatori: Vasile Ernu, Costi Rogozanu, Ciprian Șiulea, Ovidiu Țichindeleanu, Editura Cartier, Chișinău, 2008; *Istoria românilor*, vol. X, *România în anii 1948–1989*, coordonator Dinu C. Giurescu, Editura Enciclopedică, București, 2013.

de producție" nu ating încă dezvoltarea maximă preconizată și nici gradul de bunăstare nu face încă posibilă egalitatea absolută a condițiilor de viață, prin aplicarea principiului „de la fiecare după capacități, fiecăruia după nevoi". Doar că astea sunt pur și simplu ficțiuni! Să spunem „socialism" fiindcă n-am intrat încă în comunism? Dar nu vom intra niciodată, și nimeni nu va intra nicicând! Adevăratul și singurul comunism, cu suficiente trăsături caracteristice (abolirea proprietății private, ideologie unică, partid conducător...), este exact ceea ce unii continuă să numească, impropriu, „socialism". Cu atât mai neadecvat cu cât se poate ajunge ușor la confuzia între așa-zisul socialism comunist și socialismul de tip occidental. E ca și cum am confunda Suedia, guvernată timp de decenii de un partid social-democrat, cu România lui Ceaușescu!

Nu cred că e cazul să înlocuim sistematic „comunismul" nici prin termeni precum „leninism" sau „stalinism". Se induce astfel ideea că ar exista sau ar fi posibil și un comunism care să nu fie nici leninist, nici stalinist. Un proiect „pur" căruia unii sau alții „i-au întinat nobilele idealuri", cum spunea Ion Iliescu acuzându-l pe Ceaușescu pentru o asemenea denaturare a comunismului originar. Or trebuie constatat că, în materie de comunism, toți cei care s-au apucat să-l construiască „i-au întinat nobilele idealuri". Comunism „neîntinat" nu există și nu poate exista. Nu lipsesc, desigur, nici teoreticienii unui comunism „cu față umană", dar ei rămân strict teoreticieni. „Primăvara de la Praga", dacă ar fi reușit și ar fi mers până la capăt, ar fi dus la ieșirea din comunism (ceea ce sovieticii au înțeles prea bine – și de aceea au intervenit cu tancurile). Gorbaciov, cu perestroika lui, nici n-a apucat să meargă atât de departe, și întreg sistemul s-a năruit. Comunism fără dictatură nu se poate (sau se poate, dar atunci încetează să mai fie comunism!). Proiectul comunist e o soluție imaginară care face parte din marea familie a *milenarismelor*: doctrine și mișcări potrivit cărora omenirea își va găsi împlinirea într-o sinteză finală de pace, dreptate, egalitate și armonie. Istoria, în acest caz, se împletește cu utopia, iar utopia, fie ea și generoasă la origini, odată ce se vrea materializată, conduce inevitabil spre opresiune, teroare și crimă; fiind o construcție artificială, nu poate fi transpusă în realitate decât prin forță și menținută prin forță. Un comunism „deschis", permițând diversitatea opiniilor, concurența partidelor și libertatea alegerilor, ar fi încă mai utopic decât comunismul „final" preconizat de Marx.

Desigur, dictatura comunistă nu s-a manifestat mereu cu aceeași intensitate. A fost când mai „blândă“, când împinsă la extrem, la teroarea generalizată și la cultul exacerbat al personalității, și atunci putem vorbi de stalinism. Esența regimului a rămas însă neschimbată. Chiar cel mai „liberal“ comunism tot regim totalitar este. Așa că pentru a-l defini, în trăsăturile lui constante, un singur nume e de-ajuns.

I

Țara cu o mie de comuniști

CU NICI 1.000 DE MEMBRI ÎN 1944, anul când își începe marșul irezistibil spre putere, Partidul Comunist Român era cel mai puțin numeros dintre partidele comuniste europene și, probabil, și cel mai puțin reprezentativ pentru societatea în mijlocul căreia (sau, mai bine zis, la marginea căreia) se afla. Până și Bulgaria alinia cifra de 8.000 de comuniști, Iugoslavia – 15.000, Polonia – 20.000, Ungaria – 30.000, iar Cehoslovacia – 80.000.[1] Sub acest aspect, Cehoslovacia și România ilustrau două cazuri complet opuse în spațiul central și sud-est european: pe de o parte,

1. François Fejtö, *Histoire des démocraties populaires*, I, *L'ère de Staline, 1945–1952*, Editions du Seuil, Paris, 1952, p. 195.

o țară puternic urbanizată și industrializată, iar pe de altă parte, o țară încă predominant, chiar covârșitor, rurală. Potrivit recensământului din 1930, aproape 80% dintre români (79,9%, mai precis) trăiau în mediul rural; orașele abia depășeau, așadar, 20%. E o primă explicație a neaderării la ideologia comunistă, a cărei țintă predilectă o reprezenta proletariatul urban. Țăranul, de regulă mic proprietar (în plus, în cazul României, beneficiar al amplei reforme agrare din 1921, în urma căreia practic a dispărut marea proprietate moșierească), era deocamdată greu de atras spre o ideologie colectivistă (*deocamdată*; mai târziu... vom vedea); în fond, ca mic proprietar, dorea să-și rotunjească proprietatea, nu să și-o piardă! Muncitori industriali – adunând cifrele din 1930 ale salariaților din industria extractivă și prelucrătoare – erau vreo 400.000 (sau nu mult peste această cifră); de raportat la populația activă totală a României, de 5.817.000, și la populația activă din sectoarele neagricole, de 2.172.000 de persoane.[2] Dintre

2. *Recensământul general al populației României din 29 decembrie 1930* publicat de Sabin Manuilă, vol. VII, București, 1941, pp. X–XI. 400.000 de muncitori industriali este și cifra propusă de Michael Shafir, în *Romania. Politics, Economics and Society*, Boulder, 1985, și preluată de Vladimir Tismăneanu (*Stalinism pentru eternitate*, ed. cit., p. 73).

muncitori, și așa relativ puțini, marea majoritate lucrau în întreprinderi mici sau în ateliere meșteșugărești (în timp ce mediul cel mai prielnic pentru organizațiile comuniste îl reprezentau întreprinderile mari, cu mulți angajați). Pe de altă parte, puțin peste jumătate din populația activă implicată în industrie nu era alcătuită din români etnici. Procentul „neromânilor" era foarte ridicat în regiunile alipite în 1918 (Transilvania, Banat, Crișana, Maramureș, Bucovina, Basarabia); în cadrul acestora, românii, majoritari în ansamblu, erau minoritari în orașe, și încă și mai minoritari în activitățile industriale (pe ansamblul țării, etnicii români reprezentau 71,9% din populație, dar numai 58,6% din locuitorii orașelor, și sub 50%, cum am văzut, din personalul industrial; în Transilvania propriu-zisă, românii erau 57,6%, români citadini 35,9%, iar populație activă românească în industria de transformare 31%; în Banat, procentele respective erau de 54,3%, 35% și 25%...).[3] Problema cu minoritarii în România Mare stătea în faptul că, înglobați foarte recent în statul român, iar unii dintre ei deveniți „dominați" din „dominanți" (maghiarii și germanii în Transilvania, germanii în Bucovina, rușii și ucrainenii în

3. Procente calculate potrivit datelor din *Recensământul general...*, ed. cit., vol. VII.

Basarabia, bulgarii în Cadrilater), integrarea lor în națiunea română era aproape inexistentă; erau percepuți și se considerau ei înșiși mai curând „străini" decât părți alcătuitoare ale națiunii române.

Realitatea socială dominantă era, așadar, lumea satului, nu a orașului, iar în plan simbolic supremația „rurală" căpăta o pondere suplimentară. Român „adevărat" se socotea a fi țăranul, orașele fiind prin excelență cosmopolite (chiar și cele din Vechiul Regat, unde românii erau majoritari, dar și „neromânii", foarte numeroși, mai ales în sectoarele economice, precum evreii în Moldova). Se explică astfel puternica orientare „rurală" din cultura și ideologia românească, observabilă nu numai la „dreapta", de la tradiționalismul „sămănătorismului" de început de secol la mistica țărănească a legionarismului, ci și la „stânga", de la „poporanismul" lui Constantin Stere la „statul țărănesc" teoretizat de Virgil Madgearu și de alți ideologi ai Partidului Național-Țărănesc. Chiar în anii '30, perioadă de intensificare a industrializării și „modernizării", simbolistica țărănească e afișată cu ostentație: regele Carol II, un suveran care s-a vrut ancorat în modernitate, se prezintă ca „rege al țăranilor"; școala sociologică românească, patronată de Dimitrie Gusti, se concentrează cu prioritate asupra satului; iar un exponent de seamă al tinerei generații intelectuale precum Mircea Vulcănescu susține teoria „celor două Românii“: satul românesc *versus* orașul „înstrăinat“.

Cei mai mulți dintre intelectuali se simțeau, într-adevăr, mai apropiați sufletește de mediul rural; nu iubeau prea mult burghezia și nici soarta proletariatului nu-i preocupa în prea mare măsură.

La prima vedere, structura societății românești se arăta a fi foarte asemănătoare cu cea a Rusiei de dinainte de revoluție: ambele țări cu un foarte accentuat profil rural și agricol (încă și mai pronunțat în Rusia, unde pe la 1900 populația citadină se ridica la doar 14%) și cu enorme discrepanțe sociale între masa săracă și analfabetă și elita aristocratică și intelectuală. Diferențele dintre cele două țări erau totuși mai mari decât ar rezulta dintr-o statistică abstractă. Țăranul rus avea un spirit „colectivist“ care lipsea țăranului român; pământul nu era proprietate individuală, ci aparținea fiecărei comunități sătești, care îl împărțea membrilor săi (organizare comunitară cunoscută sub numele de *mir*). Cum s-ar zice, în straturile profunde ale societății rusești se manifesta deja un fel de „comunism“. Pe de altă parte, sub impulsul statului, industria rusească cunoscuse o dezvoltare accentuată începând din ultimele decenii ale secolului al XIX-lea; uriașul imperiu aspira să devină și o însemnată putere industrială (nu bolșevicii, așadar, au lansat programul de industrializare; l-au preluat și, desigur, l-au intensificat). Rezultatul a fost concentrarea industriei mari în câteva orașe, crearea unor puternice centre muncitorești, tot atâtea focare de agitație revoluționară. În sfârșit, tipologia intelectualului rus era cu totul alta decât a intelectualului român, caracterizându-se printr-un grad înalt de angajare socială, spirit mesianic și disponibilitate revoluționară (răspuns, firește, la înnăbușitorul autocratism țarist). Cum se vede, Rusia era mult mai pregătită pentru o răsturnare, inclusiv pentru ceea ce avea să se întâmple: revoluția bolșevică.[4] Ajunge să comparăm cele două explozii sociale majore aproape concomitente: revoluția rusă din 1905 (cu prelungiri până în 1907) și răscoala din 1907 din România. În Rusia, freamătul cuprinde întreaga societate, îmbinându-se revendicările liberal-democratice

---

4. Anatole Leroy-Beaulieu, autorul unei remarcabile cărți despre Rusia, *L'Empire des Tsars et les Russes*, a intuit, încă înainte de 1900, disponibilitatea revoluționară a societății rusești: „Nu există poate nici o altă țară unde spiritul de opoziție să fie atât de răspândit... Grație mirului moscovit, în Rusia revoluția și socialismul se prezintă sub formă agrară... Rusia se crede a fi națiunea europeană cea mai puțin expusă sub acest aspect; e poate, dimpotrivă, cea mai expusă dintre toate“ (vol. II, ediția 1897, pp. 533 și 549).

cu cele muncitorești, socialiste sau chiar comuniste. În România se petrece strict o „jacquerie" țărănească, izbucnire anarhică, de tip întru totul tradițional: manifestare a unei stări de disperare, fără vreun proiect de societate.

Teren neprielnic, așadar, în România pentru ideile comuniste. Și nu doar Partidul Comunist a fost dezavantajat de o asemenea lipsă de receptivitate. Nici Partidul Social-Democrat n-a reușit să se impună pe scena politică românească, rămânând tot timpul o forță politică de rang modest. Dovadă, rezultatele electorale: 1,81% în 1927, 3,25% în 1931 (și șase deputați în Parlament), 3,38% în 1932 (și șapte deputați), 1,26% în 1933, 1,42% în 1937...[5]

Atât cât și-au putut atrage aderenți – adică nu prea mulți –, stânga socialistă și comunistă i-a tentat în mai mare măsură pe minoritari. Printre aceștia erau mai numeroși cei cu sensibilitate „citadină" și muncitorească. În 1933, Partidul Comunist din România (de observat că se numea „din România", nu „român") avea în rândurile sale 440 de maghiari, 375 de români, 300 de evrei, 140 de bulgari, 100 de ruși,

---

5. Armin Heinen, *Legiunea „Arhanghelul Mihail". Mişcare socială şi organizaţie politică. O contribuţie la problema fascismului internaţional*, Humanitas, București, 1999, Tabel 10: „Alegeri pentru Camera Deputaților, 1919–1937", pp. 474–478.

70 de „moldoveni“, 70 de ucraineni și 170 de alte origini[6]; români erau, așadar, mai puțin de un sfert.

Intelectualii români se țineau și ei departe. Mulți dintre ei, printre cei tineri îndeosebi, dornici de „schimbare“, aveau să se îndrepte până la urmă spre extrema dreaptă legionară. Mai puțini spre stânga, și un număr infim spre mișcarea comunistă. Totuși, în anii ’30, stânga intelectuală nu e chiar atât de slab reprezentată. Doar că mulți dintre cei care o animă nu sunt etnici români (și, încă o dată, aceasta e o distincție care conta în România interbelică). Cu cât mergem mai departe spre stânga, cu atât se împuținează românii și se înmulțesc minoritarii, evrei îndeosebi. Dacă intelectualul-tip român e de dreapta, intelectualul-tip evreu e de stânga (și nu rareori cu simpatii și legături comuniste sau chiar încadrat în mișcarea comunistă); firește, sunt și tot felul de excepții de la regulă. Fenomenul e izbitor și în presă. *Adevărul* și *Dimineața*, cele două mari gazete de stânga, cu o foarte largă difuzare, au patroni evrei, după cum evrei sunt și cei mai mulți dintre jurnaliștii redacțiilor respective.

De altfel, în această privință, România nu e un caz special, decât poate printr-o mai accen-

---

6. Dennis Deletant, *Romania under Communist Rule*, ed. cit., p. 17.

tuată subreprezentare a etniei majoritare. Altminteri, relația dintre evrei și comunism (sau socialism) e veche: începând chiar de la Karl Marx. Comunismul a promis multe multora; iar pe evrei i-a asigurat că vor avea parte de ce își doreau: o lume fără discriminări de nici un fel. Îi întâlnim și în primele rânduri ale revoluției din Rusia: Troțki, Zinoviev, Kamenev...

Înființat în 1921, Partidul Comunist din România a fost de la bun început nu un partid autonom, ci o secție a Internaționalei a III-a (comunistă), cu sediul la Moscova. A acceptat fără să crâcnească definirea României ca țară multinațională și, pornind de aici, principiul autodeterminării, până la despărțirea de stat (sovieticii, evident, urmărind să recupereze Basarabia; principiul afecta în aceeași măsură și Bucovina, Transilvania sau Cadrilaterul). Suficient pentru ca în 1924 Partidul Comunist să fie scos în afara legii. Atenta, în mod evident, la suveranitatea și integritatea teritorială a României. De remarcat că, dacă cel dintâi secretar general al Partidului, Gheorghe Cristescu, zis „Plăpumarul“ (după meseria pe care o practica), a fost român, începând din 1924 și până în 1944, în această funcție s-au succedat numai minoritari sau de-a dreptul străini: maghiarii Elek Köblös și Ștefan Foriș, ucraineanul Vitali Holostenko, polonezul Alexander Ștefanski, bulgarul Boris Ștefanov. Partidul, se vede, nici măcar nu ținea să dea impresia că ar fi românesc. De altfel, după 1924 congresele sale s-au ținut în afara României și mai mulți lideri ajung să se stabilească în Uniunea Sovietică (unii, printre cei mai de vază, precum Cristian Rakovski, Alexandru Dobrogeanu-Gherea sau Marcel Pauker, au căzut victime ale terorii staliniste din 1937–1938).

Între 1921 și 1924, efectivele P.C.R. au oscilat între 2.000 și 2.500 de membri; după trecerea partidului în ilegalitate, abia s-au mai depășit 1.000. Se înțelege că, dacă ar fi activat în condiții legale, ar fi reușit să adune mai mulți aderenți. Și încă mai mulți dacă n-ar fi avut un program „antinațional“. Un român, chiar cu simpatii accentuate de stânga, cu greu putea fi convins să se alăture unei organizații cu evident profil „neromânesc“ și care privea cu seninătate eventuala dezmembrare a României.

Mult mai departe, oricum, n-ar fi ajuns. Blocul Muncitoresc Țărănesc, o organizație legală controlată de Partidul Comunist, a reușit să obțină următoarele procente electorale: 1,49% în 1926, 1,14% în 1927, 1,35% în 1928, 2,52% în 1931 (și 5 deputați aleși), 0,32% în 1932...[7] Nu e cazul, desigur, să idealizăm alegerile din

7. Armin Heinen, *op. cit.*, pp. 474–478.

epocă, rezultatele lor fiind afectate pe de o parte prin presiunile autorităților, iar pe de altă parte prin lipsa totală de cultură politică a majorității locuitorilor. Oricum, procentele menționate sunt frapant de mici. În plus, atât comuniștii, mai mult sau mai puțin deghizați, din Blocul Muncitoresc Țărănesc, cât și Partidul Social Democrat adună cea mai mare parte din voturi nu în Vechiul Regat, unde sunt aproape inexistenți, ci în provinciile alipite, și cu deosebire în județele cu populație minoritară numeroasă, uneori majoritară; astfel, la procentul pe țară de 3,25% în 1931, P.S.D. înregistrează în județul Sălaj 21,26%, în Satu Mare, 13,78%, în Ismail, 15,88%; iar B.M.Ț., în același an, față de procentul său național de 2,52%, reușește să obțină 10,03% în Timiș-Torontal, 11,67% în Bihor, 12,5% în Cernăuți...[8] Asta înseamnă că minoritățile sunt cele care trag într-o anumită măsură spre stânga, în timp ce românii, cu foarte slabe excepții, par să nici nu fi auzit de socialism sau de comunism!

România precomunistă prezintă probabil cea mai accentuată fractură socioculturală printre toate țările din regiune. Țăranii sunt în marea lor majoritate proprietari... însă săraci. În perioada 1930–1935, 18,6% dintre proprietățile agricole au o suprafață de sub un hectar, iar

8. *Ibidem*, pp. 157–158.

33,6% se situează între 1 și 3 hectare; peste jumătate dintre familiile țărănești – 52,2% – trăiesc, așadar, într-o stare accentuată de sărăcie. Dacă trasăm ceva mai sus, la 5 hectare, „limita considerată drept necesară pentru asigurarea subzistenței unei familii medii“, procentul țăranilor săraci crește la 75%.[9] Se adaugă, desigur, și sărăcimea orașelor. Majoritatea românilor trăiau, așadar, la un nivel material foarte scăzut.

La fel de scăzut era și nivelul cultural. România, în 1930, se afla pe unul dintre ultimele locuri în Europa în ceea ce privește știința de carte. Doar 57% dintre locuitori știau să scrie și să citească. Cei mai mulți dintre aceștia – 85% – nu depășiseră însă ciclul primar (o bună parte dintre ei, cu două-trei clase absolvite, fiind, de fapt, semianalfabeți – e și cazul cuplului Ceaușescu!). Ponderea absolvenților de liceu și eventual de facultate abia depășea 10%.[10] Un contrast de o asemenea amploare cu greu se mai putea întâlni în vreo țară europeană. La nivelul de sus, o elită intelectuală strălucitoare – aflată în anii '30, incontestabil, la cel mai de sus nivel european –, iar la nivelul de jos, marea

---

9. Bogdan Murgescu, *România și Europa. Acumularea decalajelor economice (1500–2010)*, Polirom, Iași, 2010, p. 229.

10. *Enciclopedia României*, vol. I, București, 1938, capitolul „Populația României“, pp. 142–147.

majoritate a populației, cufundată într-o gravă stare de incultură.

Sărăcia și incultura, firește, se combinau. Fractura socioculturală era imensă. Bulgaria, o țară apropiată în multe privințe – la fel de rurală ca România și având un produs intern brut pe cap de locuitor asemănător –, se prezenta sensibil mai echilibrat. Nu era atât de sus ca România la nivelul cel mai de sus, dar nici atât de jos la cel mai de jos. Gospodăriile țărănești erau mai rentabile, iar procentul de alfabetizare în mediul rural se prezenta ceva mai bine.[11]

Fractura societății românești și lipsa de repere culturale și politice a unei mari părți din populația țării aveau să contribuie considerabil la implantarea comunismului. Privind situația existentă înainte de 1944, România era țara cea mai puțin pregătită pentru experimentul comunist; nu era însă totodată, cât ar fi de paradoxal, și țara cea mai expusă, cea mai susceptibilă de a se lăsa capturată și remodelată?

---

11. Bogdan Murgescu, *op. cit.*, pp. 273–274.

II

Cucerirea puterii

ÎNTR-UN INTERVAL EXTREM DE SCURT (trei ani și câteva luni, de la 23 august 1944 la 30 decembrie 1947), România a schimbat complet direcția. Țara cea mai puțin atinsă de ideologia comunistă a ajuns la dispoziția unui regim comunist de cea mai strictă obediență moscovită. Ca în orice proces istoric, mai mulți factori au concurat la acest deznodământ; totuși, determinant a fost unul singur: expansiunea imperiului sovietic – în condițiile înfrângerii Germaniei naziste – într-o bună parte a Europei Centrale și Sud-Estice. Regimurile comuniste s-au instaurat până acolo unde a ajuns Armata Roșie. Așa se face că toate țările ocupate (țări învinse, ca România, Ungaria și Bulgaria, sau, dimpotrivă, aliate, ca Polonia și Cehoslovacia) au mers spre comunism în același ritm, indiferent de profilul lor socioeconomic, politic și cultural mai mult sau mai puțin diferit. Totul se petrece pretutindeni cam la fel între 1944/1945 și 1947/1948, cu decalaje nesemnificative (cel mai mult – câteva luni în plus! – rezistând Ungaria, unde cucerirea deplină a puterii de către comuniști s-a încheiat „abia“ în primăvara anului 1949). Putea România să reziste? Puteau societatea românească și factorii politici să se opună în mai mare măsură decât au făcut-o? N-au rezistat cu mai mult succes nici țări care în deceniile următoare aveau să-i dea de furcă într-adevăr comunismului (Ungaria în 1956, Cehoslovacia în 1968, Polonia, mai tot timpul...). În această primă fază, presiunea a fost mult prea mare. Nimic nu s-ar fi putut opune tăvălugului sovietic.

Cum România nu cunoscuse ocupația germană, fiind, dimpotrivă, aliata lui Hitler, chiar principala sa aliată pe frontul de est, statul român, cu toate instituțiile sale, se înfățișa intact la încheierea războiului. Armata română, de asemenea, reprezenta încă o forță, în ciuda marilor pierderi suferite; după ce fusese cel mai de seamă auxiliar al mașinăriei de război germane, se distinsese, în ultimul an al conflictului, în ofensiva finală împotriva Reichului (a patra armată a coaliției antinaziste ca importanță, România situându-se în această privință după Uniunea

Sovietică, Statele Unite și Marea Britanie și înaintea Franței). Monarhia, la rându-i, rămânea un simbol puternic, tânărul rege Mihai bucurându-se de simpatie și popularitate (lucru recunoscut și de sovietici, care l-au tratat tot timpul cu aparentă considerație). Toate acestea ar fi putut să fie (până la urmă, n-au fost) atuuri ale României în încercarea de a se opune schimbării brutale a cursului său istoric preconizate de Uniunea Sovietică și de comuniști. La fel de evidente apar însă și vulnerabilitățile României. Fusese, totuși, aliata fidelă a Germaniei, timp de mai bine de trei ani (iunie 1941–august 1944), în războiul antisovietic; armatele române ajunseseră până la Stalingrad și în Caucaz. Pentru aceasta, România era condamnată să plătească, întoarcerea armelor și contribuția sa „inversă“ în ultimul an de război compensând doar parțial angajamentul ei inițial. De altfel, la Conferința păcii, România a fost tratată ca țară învinsă, nereușind să obțină înscrierea ei în tabăra învingătorilor. Nici pentru occidentali, România nu era prima grijă. Era, de fapt, ultima. Churchill îi propusese lui Stalin următoarea împărțire a zonelor de influență: Ungaria și Iugoslavia, 50% pentru occidentali, 50% pentru sovietici; Bulgaria – 75% sovieticii, 25% occidentalii; România – 90% sovieticii, 10% occidentalii (în Grecia, dimpotrivă, raporturile s-ar fi inversat:

90% occidentalii, 10% sovieticii). Nu trebuie considerat – cum s-a interpretat adesea – că Occidentul ar fi trădat sau ar fi „vândut" micile țări trecute sub influență sovietică. Puterile occidentale n-au avut, pur și simplu, posibilitatea să se opună. Cum să-i scoți pe ruși din teritoriile unde deja se instalaseră? Declanșând al treilea război mondial, când cel de-al doilea abia se terminase? Era de neconceput. Nu doar țările învinse au fost abandonate, ci și aliații pentru care Occidentul intrase de fapt în război: Polonia și Cehoslovacia, țări „transferate" direct de sub ocupația germană sub ocupația sovietică (numită, în termenii noilor stăpânitori, „eliberare"). Dacă ar fi putut să întreprindă ceva, Occidentul ar fi făcut-o, măcar pentru o țară ca Polonia. România era oricum ultima pe lista preocupărilor occidentale. Presupunând că s-ar fi convenit ca una singură dintre aceste țări să rămână sub control sovietic, aceasta ar fi fost cu siguranță România. I se imputa rolul ei pe frontul de est; avea de achitat sovieticilor o imensă datorie de război; și chiar așezarea ei pe hartă, în prima linie, „lipită" de imperiul sovietic, o desemna ca victimă „privilegiată" (iar ca țară ortodoxă, în ochii occidentalilor, părea oricum a fi mai apropiată de ruși!).

Lipsa de receptivitate a românilor la ideologia comunistă – evidentă până la 1944 – ar fi putut să constituie o pavăză împotriva împingerii țării spre comunism. Și în această privință exista însă un revers al medaliei. Românii nu doar că se ținuseră departe de comunism, dar, într-un procent foarte mare, nu aveau nici un fel de cultură politică (de asta și erau comuniștii atât de puțini!). Tradiția democratică, limitată și destul de șubredă, era pândită la tot pasul de reflexe autoritare. Ascensiunea spectaculoasă a legionarilor în anii '30 ilustrase un nivel îngrijorător de adeziune la soluțiile autoritare sau de-a dreptul totalitare. Democrației, așa aproximativă cum era, i se pusese punct odată cu instaurarea dictaturii regale a lui Carol II în 1938. Fapt este că democratizarea actului politic, concretizată în acordarea votului universal (masculin) imediat după încheierea Primului Război Mondial, nu fusese însoțită și de o creștere corespunzătoare a conștiinței politice. Prea mulți români alcătuiau o simplă masă de manevră ușor de manipulat și de folosit de unii sau de alții. Dacă punctul de plecare al comuniștilor se aflase foarte aproape de zero, condițiile sociale ale țării le ofereau posibilitatea unei ascensiuni rapide. Aveau toate șansele să atragă de partea lor larga categorie a celor cufundați în sărăcie și incultură, mult mai numeroși decât mia de membri ai Partidului Comunist aliniată la începutul cursei, în 1944.

Nu trebuie confundată tresărirea de democrație de după răsturnarea regimului Antonescu cu ceea ce s-ar fi cuvenit să fie un regim democratic autentic. Din primul moment, comuniștii s-au arătat a fi „mai egali“ decât ceilalți. Epurările și procesele s-au ținut lanț, cu excesele obișnuite în condițiile unor răsturnări de o asemenea amploare. Libertatea de opinie nu a inclus și dreptul de a spune lucruri „neconvenabile“ la adresa ocupantului sovietic sau a comunismului în genere: exact ce ar fi fost de spus pentru apărarea democrației. Iar direcția evidentă, de la un an la altul, nu a fost spre mai multă libertate, ci spre tot mai puțină. Deja în primul guvern post-antonescian, prezidat de generalul Sănătescu și alcătuit în principal din militari, partidele politice dispunând doar de câte un post de ministru fără portofoliu, singurii care au pus mâna pe un departament, și încă pe unul important, mai ales în context, au fost comuniștii, prin Lucrețiu Pătrășcanu, la Ministerul Justiției. Lovitura cea mare au dat-o însă în urma brutalului ultimatum sovietic, prin care s-a forțat instalarea guvernului Petru Groza, la 6 martie 1945. Groza venea cu propriul partid, Frontul Plugarilor, organizație „țărănească“ fără mare importanță în sine, cu orientare de stânga: un aliat sau, mai corect spus, satelit al Partidului Comunist. Să se fi lăsat regele prea ușor intimidat de „pumnul în masă“ aplicat atunci de Vîșinski, trimisul Sovietelor? E o chestiune de apreciere, fără mare semnificație însă în ceea ce privește deznodământul, care ar fi fost oricum același. Guvernul Groza se inspira din strategia „fronturilor populare“, pusă la punct în deceniul anterior, care preconiza, ca primă etapă spre cucerirea puterii, coalizarea unor forțe politice cât mai largi, comuniști și socialiști, firește, dar și partide sau grupări burgheze „disponibile“. Așa se face că, în guvernul de la 6 martie 1945, numărul doi a devenit Gheorghe Tătărescu, fost prim-ministru, așezat acum în fruntea unei consistente disidențe liberale, rolul lui fiind de a-i liniști pe cei care se temeau de confiscarea puterii de către comuniști. Țelul declarat era acela al democratizării, nu al comunizării. Comuniștilor, de altfel, le reveneau puține portofolii. Gheorghe Gheorghiu-Dej, liderul partidului, deținea Ministerul Comunicațiilor și al Lucrărilor Publice (cum fusese muncitor la Căile Ferate, apărea de-a dreptul ca specialist în domeniu). Cheia era însă la Ministerul de Interne, trecut sub conducerea lui Teohari Georgescu, alt comunist de prim-plan; în condițiile unei guvernări cu aparențe democratice, dar în fapt de mână forte, Internele îl indicau pe deținătorul real al puterii (nimic original: în toate țările ajunse sub călcâiul sovietic, s-au constituit guverne de aceeași factură, și peste tot cu Ministerul de Interne la comuniști; coordonarea dintr-un singur centru de decizie e cât se poate de evidentă).

În răstimp de trei ani, din august 1944 până în 1947, numărul comuniștilor s-a înmulțit vertiginos: 1.000 de membri de partid în 1944; 110.041 în iunie 1945; 675.744 în noiembrie 1946; 714.024 în martie 1947; 799.351 în ianuarie 1948.[1] De 800 de ori mai mulți decât fusese nucleul originar! O societate considerată aproape imună la comunism a devenit brusc foarte receptivă. Greu de spus în ce proporții masa aceasta de noi membri de partid a fost motivată de o adeziune efectivă la programul afișat de comuniști, sau mai curând de oportunism ori pur și simplu de teama de a se pune rău cu un regim care părea să se fi instalat pentru multă vreme. În numeroase instituții se fac primiri pe bandă rulantă, angajații neîndrăznind să refuze invitația de a se înscrie în partid. Așa cum nota în jurnalul său (la data de 17 decembrie 1945) scriitorul Pericle Martinescu, pe atunci funcționar la Direcția Presei: „Astăzi, la primul contact cu

1. *Istoria comunismului din România. Documente. Perioada Gheorghe Gheorghiu-Dej (1945–1965)*, volum editat de Mihnea Berindei, Dorin Dobrincu, Armand Goșu, Humanitas, București, 2009, doc. 131 („Situația statistică a membrilor de partid"), p. 565 (în continuare: *Documente Gheorghiu-Dej*).

St., mi-a întins adeziunea de înscriere în P.C.R. [...] Nu mă așteptam să fiu luat așa de repede. Dar am văzut că nu eram singurul, fiindcă toți funcționarii vechi șopteau prin birouri că li s-au făcut aceleași oferte. Dar toți conchideau: Trebuie să semnăm, căci altceva n-ai ce să faci. Se știe că nu o facem de bunăvoie, fiindcă aceleași lucru, aceleași presiuni se întâmplă peste tot. Fiecare membru de partid e obligat să aducă, repede, alți doi membri, pentru a întări cadrele deficitare".[2]

Nu înseamnă că n-au fost și adeziuni sincere. Progresul economic și dreptatea socială – coordonatele principale ale propagandei comuniste – erau de natură să atragă îndeosebi păturile defavorizate. Partidul Comunist a reușit să preia inițiativa politică, dovedind mai multă imaginație și iscusință tactică decât adversarii săi liberali și național-țărăniști, care, rămași în defensivă și prea dependenți de modelul interbelic, au putut fi taxați de „reacționari", în contrast cu forțele „progresiste" și „democratice" grupate în jurul comuniștilor. Noii guvernanți au dat un prim semnal puternic prin reforma agrară, legiferată în martie 1945 (la numai două săptămâni după instaurarea guvernului Petru Groza);

---

2. Pericle Martinescu, *Jurnal intermitent*, Editura ExPonto, Constanța, 2001, p. 21.

918.000 de țărani săraci au primit astfel pământ, în suprafață totală de 1,1 milioane de hectare (din aproape un milion și jumătate de hectare expropriate). Ce e drept, nu li s-a spus țăranilor că peste numai câțiva ani aveau să-și piardă cu toții proprietățile, contopite în sistemul „gospodăriilor agricole colective". Tot acum, femeile au căpătat drept de vot; nici lor nu li s-a spus că degeaba l-au căpătat, fiindcă alegeri autentice n-aveau să mai fie multă vreme în România. Iar reinstaurarea administrației românești în Ardealul de Nord – cadou făcut de sovietici noului guvern – a fost de natură să pună într-o lumină „patriotică" un partid care avusese mai curând „reputația" lipsei de patriotism.

Trebuie spus că, până în 1947, comuniștii n-au dat de înțeles că foarte curând vor proceda la o răsturnare completă socială și politică. Păreau a accepta proprietatea privată și valorile democrației „burgheze", și chiar doreau să li se dea crezare în această privință, ceea ce explică alianța lor cu liberalii lui Tătărescu. La alegerile din noiembrie 1946, nici măcar nu s-au pus în față, preferând să se înfățișeze, modest, doar ca una dintre cele șase componente ale Blocului Partidelor Democrate (B.P.D.). Au mers până într-acolo încât și-au rezervat chiar mai puține procente decât cele acordate unora dintre parteneri. Cu prilejul unei întâlniri la vârf româno-sovietice, Gheorghiu-Dej l-a informat pe Stalin cu privire la modul de împărțire a mandatelor: Frontul Plugarilor – 24%; Partidul Social-Democrat – 23%; Partidul Comunist Român – 21%; Partidul Național Liberal (Tătărescu) – 20%; Partidul Național-Popular – 7%; și așa-zisul Partid Național-Țărănesc Anton Alexandrescu (de fapt, o neînsemnată grupare disidentă din P.N.Ț.) – 5%. Stalin i-a replicat că așa nu se poate: comuniștii riscă să apară mai slabi decât partenerii lor; s-a convenit să-și mai adauge câteva procente și să mai scadă ceva de la alții. În fapt, comuniștii, încă nesiguri pe ei, avansau acoperiți; o bună parte dintre candidații partidelor-satelit proveneau tot din Partidul Comunist (ceea ce Gheorghiu-Dej îi și explică lui Stalin: „Noi avem un număr de membri de partid în celelalte partide, așa că vom avea mai multe mandate").[3]

Alegerile din 1946 au fost câștigate de Blocul Partidelor Democrate la un scor zdrobitor: 83,81% din voturi și 347 de mandate (din totalul de 414); li s-a alăturat și Uniunea Populară Maghiară, cu 7,01% din voturi și 29 de mandate. Partidul Național Țărănesc condus de Iuliu Maniu n-a reușit să obțină decât 7,97% din voturi, respectiv

3. *Documente Gheorghiu-Dej*, 2–3 aprilie 1946, pp. 47–59.

33 de mandate, în timp ce Partidul Național Liberal-Brătianu a devenit aproape invizibil, cu 0,72% din voturi și numai 3 mandate.

Istoricii sunt cu toții de acord în această privință: alegerile au fost falsificate. Desigur, nu *doar* falsificate. Blocul Partidelor Democrate reușise să atragă o parte din votanți (nu însă o majoritate). Pe de altă parte, cu un guvern care controla practic totul, și administrația, și mijloacele de informare, campania electorală a opoziției a fost aproape inexistentă. Chiar și așa, B.P.D. n-ar fi reușit să câștige. Frauda electorală e incontestabilă, nesigure rămân doar proporțiile ei. Potrivit unui calcul efectuat de Dinu C. Giurescu, coaliția guvernamentală n-ar fi obținut, în realitate, decât 21,17% din voturi. Alt istoric, Petre Țurlea, consideră rezultatul ceva mai echilibrat: 53% în favoarea opoziției, respectiv 47% pentru coaliția guvernamentală.[4] În ambele variante, comuniștii și sateliții lor erau în incontestabil progres față de procentele interbelice. În ambele, ar fi pierdut însă scrutinul. Cota lor reală de popularitate rămâne imposibil de apreciat, în condițiile unor alegeri trucate, cu o presă ținută sub control și cu tot mai mulți români

4. Dinu C. Giurescu, *Falsificatorii. „Alegerile" din 1946*, RAO, București, 2007; Petre Țurlea, *Partidul Național Liberal Tătărescu*, Libra, București, 2001.

care preferau să-și ascundă gândurile sau să mimeze atașamentul față de noul curs al țării.

De-a lungul anului 1947, evenimentele se precipită. Încheierea tratatelor de pace cu statele-satelit ale Germaniei (10 februarie 1947) a pus capăt posibilităților occidentale (și până atunci foarte limitate) de a mai interveni în vreun fel în țările respective. Uniunea Sovietică își desăvârșește stăpânirea asupra națiunilor „eliberate". Comuniștii renunță repede la programul „larg democratic" de până atunci pentru a trece la cea mai pură ortodoxie stalinistă. Semnalul sfârșitului ficțiunii democratice e dat în vara anului 1947, când întreaga conducere a Partidului Național Țărănesc e arestată; urmează un proces încheiat cu condamnări grele, inclusiv la închisoare pe viață (pentru liderii partidului, Iuliu Maniu și Ion Mihalache). Liberalii tătărescieni, ultima „rămășiță burgheză", ies de la guvernare în noiembrie 1947. La 30 decembrie 1947, regele Mihai este obligat să abdice. Se proclamă Republica Populară Română, țara trece astfel sub controlul deplin al Partidului Comunist: o istorie care va dura mai mult de patru decenii, până în decembrie 1989.

III

Logica perversă a utopiei

ISTORIA COMUNISMULUI este încă foarte dependentă de memoria oamenilor: a celor care l-au trăit sau a celor care îl cunosc și îl judecă din relatările celor care l-au trăit. Fiecare duce cu sine o experiență personală sau de grup. De aici și contrastul extrem al opiniilor și interpretărilor: de la totala repudiere (comunismul „criminal“) la nostalgia unei lumi socotite mai bună decât cea în care trăim în prezent. Pe de o parte, despărțirea de comunism și adoptarea unui set de valori cu totul diferit se manifestă printr-o strategie de respingere, inclusiv prin conectarea (imaginară) a României de azi la istoria anterioară comunismului: monarhia, perioada interbelică..., ocolindu-se adevărul cât se poate de evident că România actuală se trage direct și masiv din comunism, în mult mai mare măsură, în orice caz, decât din anii interbelici. Pe de altă parte, comunismul e reabilitat, explicit sau implicit, în multe dintre componentele sale, atunci când unii sau alții se referă, în chip favorabil, la înfăptuirile economice, la învățământ și la cultură, la nivelul de trai... și la multe altele. Și atunci: a fost rău comunismul, sau, până la urmă, n-a fost chiar atât de rău?

Cea mai aspră condamnare – e drept, doar în vorbe – a fost pronunțată de Comisia prezidențială pentru analiza dictaturii comuniste din România (instituită de președintele Traian Băsescu), care, în voluminosul său *Raport final* din anul 2007, a declarat comunismul drept regim „ilegitim și criminal". Au protestat, firește, forțele politice strâns legate de vechiul sistem, în frunte cu Partidul România Mare. Dar s-au exprimat și numeroase alte obiecții, de pe diverse poziții intelectuale și ideologice, față de o abordare considerată de criticii săi superficială și unilaterală.

Privirea dintr-un singur unghi pare a fi, de altfel, aproape o regulă atunci când se vorbește despre comunism. Punctele de vedere opuse ar putea fi însă considerate mai curând complementare. Odată ce reprezentările sunt atât de diferite, tocmai diversitatea lor trebuie să dea de gândit cu privire la complexitatea unui fenomen istoric susceptibil de a se proiecta și perpetua într-o asemenea gamă de reprezentări divergente.

Regimul comunist are, incontestabil, un punct de pornire ilegitim și o persistentă latură criminală. Dar nu se reduce la atât. Ar fi o rezolvare prea simplă, aproape caricaturală, pentru a defini o realitate istorică prelungită atâta vreme și care a cuprins o bună parte din omenire.

Ascensiunea la putere a Partidului Comunist s-a petrecut, evident, prin mijloace ilegitime. Pe căi corecte și legale n-ar fi reușit niciodată să monopolizeze puterea. S-ar fi afirmat poate ca o componentă, fie ea și importantă, a vieții politice, dar nu în măsura în care să devină stăpân absolut peste țară. Soluțiile impuse de la Moscova, alegerile falsificate, zdrobirea opoziției, abdicarea forțată a regelui – toate acestea s-au petrecut în disprețul absolut al normelor constituționale și al celei mai elementare legalități. Dacă luăm lucrurile așa – și numai așa –, întreaga construcție comunistă e lovită, în termeni juridici, de nulitate; regele Mihai ar fi fost în drept să revină pe tron în clipa următoare, după prăbușirea comunismului, și țara întreagă, în toate componentele ei, s-ar fi întors la ceea ce fusese „înainte". Istoria nu merge însă niciodată îndărăt. Bine sau rău, drept sau nedrept, ea merge înainte. Legitimitatea nu e hotărâtă o dată pentru totdeauna; se renegociază permanent. Referindu-se la națiune, Renan o caracteriza drept „un plebiscit de fiecare zi"; la fel, „un plebiscit de fiecare zi" e și sistemul sociopolitic. „Contractul social" nu este unul, pe vecie; se revizuiește și chiar se rescrie, în timp. Ceva s-a petrecut între 1947 și 1989 în chestiunea legitimității. Vechiul contract social s-a șters, luându-i locul unul nou, și acesta denunțat în 1989, dar nu pentru a se reveni la punctul de ruptură. Cel puțin înainte de dereglările cumplite ale anilor '80, cei mai mulți dintre români ajunseseră să considere sistemul existent ca o stare de normalitate. E drept, nu avem cum să măsurăm gradul de încredere al românilor în comunism: lipsesc, se înțelege, sondajele de opinie, iar rezultatele „alegerilor", cu un singur partid și cu „victorii" electorale la un scor apropiat de 100%, n-au nici un fel de relevanță. Singura „măsură" la care ne putem raporta e procentul de 85% din voturi obținut de Ion Iliescu în 1990. În ciuda dezastrului final și a sângelui vărsat la Revoluție, românii au optat atunci, în mare majoritate, pentru o desprindere lentă și incompletă de comunism. Nici vorbă (decât pentru un mic număr) de vreo revenire la România dinainte.

Trebuie renunțat la mitul unei Românii fundamental anticomuniste. În raport cu comunismul s-au conturat în fapt două Românii, foarte diferite. Majoritară, până la urmă, s-a dovedit a fi nu România care s-a „încăpățânat" în anticomunism, ci România care sau a profitat de pe urma sistemului, sau s-a acomodat noilor realități. Ne e teamă să afirmăm așa ceva? Fiind majoritari, înseamnă că au avut dreptate? Bineînțeles că nu au avut, în fața istoriei cel puțin, și în fața viitorului țării, dacă nu și în raport cu propriile interese.

Crimele și abuzurile comunismului sunt nenumărate și de tot felul, începând cu atentatul la libertatea și viața indivizilor: atâția oameni întemnițați, torturați, uciși, atâtea destine frânte sau ciuntite. Pentru unii, aceasta e marca principală a regimului. Pentru alții, dimpotrivă: nu crimele ar defini comunismul. Îl citez pe Daniel Barbu: „...Represiunea pare să nu fi jucat rolul politic central care-i este îndeobște atribuit. După 1948, urmărirea, arestarea, judecarea, condamnarea, internarea și întemnițarea nu s-au constituit în practici sociale capabile să definească natura și obiectivele puterii. Astfel, chiar îndelung discutatul deceniu 1950–1960 nu a fost marcat decât în chip marginal de represiune".[1]

---

1. Daniel Barbu, „Destinul colectiv, servitutea involuntară, nefericirea totalitară: trei mituri ale comunismului românesc", în *Miturile comunismului românesc* (ed. Lucian Boia), Nemira, București, 1998, pp. 192–193.

Aceasta deoarece, potrivit unui calcul sumar, victimele comunismului, împreună cu familiile respective, n-ar fi reprezentat decât cel mult 8% din populația României. Cifra e probabil subestimată, dar nu aici e problema. Evident că cei mai mulți dintre locuitorii țării, imensa majoritate s-ar putea spune, n-au fost nici întemnițați, nici uciși. Așa stau lucrurile și în Germania lui Hitler, și în Uniunea Sovietică a lui Stalin. Nici un regim politic (exceptându-i, poate, pe khmerii roșii) nu a fost atât de dement încât să-și persecute majoritatea populației. Dar nu înseamnă că represiunea ar fi fost un fapt secundar. E, dimpotrivă, o piesă centrală a arsenalului comunist. Chiar regimul proclama, cât se poate de explicit, lupta necruțătoare împotriva „dușmanului de clasă". Violența revoluționară era, așadar – cel puțin într-o primă fază –, un principiu asumat. Vechiul regim trebuia nimicit, ceea ce însemna în primul rând distrugerea sau neutralizarea elitelor. Apoi, reprimarea unora era un bun exemplu pentru toți ceilalți care, chiar fără a fi „reprimați", înțelegeau că regimul nu tolera nici cea mai mică împotrivire.

Când e vorba de crime în masă, discuția asupra numărului de victime riscă să devină indecentă. Nu putem pretinde că, dacă mai scădem ceva din număr, crimele sau nedreptățile ar deveni acceptabile.

Violența și represiunea nu sunt deloc secundare în procesul instalării comunismului. Sunt chiar obligatorii. Ceea ce se poate spune e că nu reprezintă un scop în sine, ci un mijloc, pus în slujba unui proiect de mare anvergură: schimbarea lumii din temelii. Un proiect de o asemenea amploare nu se putea realiza fără violență, dar nici doar prin violență. Pretindea convingerea și participarea oamenilor.

E simplificator să ne referim la comunism doar ca la o dictatură. Comunismul este un regim totalitar, ceea ce înseamnă și dictatură, dar înseamnă, privind sistemul în ansamblu, mult mai mult, și chiar altceva decât o simplă dictatură. Ca regim totalitar, e înrudit cu fascismul și cu nazismul, dar se prezintă încă și mai totalitar decât acestea. Sistem totalitar perfect nu există decât în teorie sau în ficțiune (de pildă, așa cum l-a imaginat Orwell în *1984*), însă printre totalitarismele reale, comunismul este acela care s-a apropiat cel mai mult de perfecțiunea „ideală".

Totalitarismele se sprijină pe o filozofie. Își propun să reclădească societățile și să le lanseze într-o istorie diferită. Istoria „normală" e frământată de inegalități și contradicții și stă sub semnul neprevăzutului. Istoria „construită" a totalitarismelor instaurează unitatea, ordinea, coerența și armonia, într-o formulă care se vrea definitivă. O ieșire din istorie sau un sfârșit al istoriei. Tentația e veche. Timp de secole, s-a manifestat sub veșmântul religios al ideologiilor mesianice și al mișcărilor milenariste care preconizau intrarea într-un mileniu „postistoric“, prin instaurarea împărăției divine pe Pământ. Cum istoria reală e o generatoare permanentă de excluderi și nedreptăți, nemulțumiți și revoltați dornici de „altceva“ s-au găsit dintotdeauna din belșug și se vor găsi la nesfârșit. Fapt este că epoca modernă, prin revoluția industrială îndeosebi, a amplificat considerabil contrastele sociale, imprimând totodată convingerea că stă în puterea omului să schimbe cursul istoriei în sensul dorit. Milenarismele s-au secularizat, modificându-și argumentația, dar păstrându-și sensul profund: schimbarea radicală a ordinii existente și perenitatea noii alcătuiri. În Italia mussoliniană s-a instaurat „era fascistă“, anii numărându-se începând cu victoria fascismului în 1922. Iar „Reichul de o mie de ani“, preconizat de Hitler, este o „splendidă“ formulă milenaristă.

În fața comunismului însă, toate celelalte totalitarisme pălesc. Filozofia lor e prea îngust națională (Italia, Germania...), prea sumară (statul și ficțiunea imperială romană, în cazul fascismului italian, unitatea de rasă la naziști) și mult prea voluntaristă, condiționată de un act de voință menit să forțeze cursul istoriei. Comunismul, dimpotrivă, se înfățișează ca o viziune completă asupra lumii, riguros elaborată. Ceea ce deosebește comunismul utopic de comunismul „științific“ întemeiat de Karl Marx este tocmai pretinsa încărcătură științifică a celui din urmă. Marx e primul gânditor (și poate ultimul!) care a pus în istorie o ordine desăvârșită. Istoria devine prin el o știință cât se poate de sigură, condusă de legi și cu mers ascendent, etapă după etapă, de la comunismul primitiv, trecând prin societățile bazate pe „exploatarea omului de către om“, spre lumea egalitară a comunismului de mâine. Voluntarismul comunist se manifestă, așadar, pe fondul unui profund determinism. Comuniștii nu fac decât să dea o mână de ajutor legilor istoriei, care oricum funcționează de la sine. Încheierea comunistă a evoluției omenirii apare astfel ca inevitabilă, știința istoriei o dovedește, și cine se poate împotrivi științei, cine se poate împotrivi istoriei?

Comunismul depășește celelalte formule totalitare nu doar prin arsenalul său filozofic și științific, ci și prin amploarea transformărilor pe care le preconizează. Este schimbarea dusă până la capăt, răsturnarea completă a lumii. Pasul decisiv, pe care celelalte totalitarisme nu și l-au propus, constă în abolirea proprietății private, și implicit într-o egalizare deplină a indivizilor, începând cu condiția lor materială. E răspunsul pe care comunismul, doctrină de secol XIX, l-a dat „liberalismului sălbatic“ al aceluiași secol XIX. Libertate *versus* egalitate: ajungem la Tocqueville.

Marele teoretician al democrației a identificat – încă din primele momente ale afirmării spiritului democratic modern – contradicția fundamentală a acestei irezistibile aspirații.[2] Democrația înseamnă în esență două lucruri: libertate și egalitate. Necazul este că libertatea și egalitatea nu prea se înțeleg una cu alta. Un sistem dominat de libertate va produce din plin inegalități. Și invers, o societate egalitară restrânge în mod corespunzător spațiul libertăților. Într-o zonă de mijloc, se poate încerca cu oarecare succes realizarea unui echilibru între cele două mari principii, însă, cu cât se accentuează unul dintre ele, cu atât celălalt pierde din substanță.

Tocqueville încearcă un răspuns la întrebarea: ce vor, de fapt, oamenii, mai curând: libertate, sau egalitate? Le vor, desigur, pe amândouă. Dacă ar fi însă obligați să aleagă, cei mai mulți ar opta totuși pentru egalitate, în defavoarea libertății.

Cum Occidentul a avut și are încă principalul cuvânt în definirea valorilor lumii în care trăim,

---

2. Alexis de Tocqueville, *De la démocratie en Amérique* (1835–1840). Vezi și Lucian Boia, *Mitul democrației*, Humanitas, București, 2003.

înțelegem de regulă democrația în termeni occidentali. Prin prisma, în primul rând, a libertăților. Într-o asemenea perspectivă, evident, un regim totalitar nu are cum să fie democratic; e, dimpotrivă, total nedemocratic. De remarcat că Occidentul a rezolvat, atât cât s-a putut în condiții de libertate, și problema egalității. În termeni abstracți, în lumea occidentală toți oamenii sunt riguros egali. Egalitatea „juridică" e garantată; de asemenea, cel puțin teoretic, egalitatea șanselor. Flagrantă rămâne însă inegalitatea de avere (dedramatizată parțial prin nivelul de trai mai ridicat față de alte zone ale lumii); departe de a se atenua, diferența dintre bogați și săraci nu face decât să crească.

Cât ar părea unora de scandaloasă o asemenea apreciere, trebuie spus că și comunismul este democratic. Nu în privința libertăților, firește! E democratic în sensul accentului apăsat pus pe egalitate. Chiar dacă regimurile comuniste n-au reușit să-și ducă până la capăt proiectul de „egalizare", este incontestabil că au mers mai departe în această direcție decât oricare alt sistem sociopolitic. Nu egalitate deplină, dar mai multă egalitate ca oricând și oriunde în istorie! Așa se explică și forța de convingere a ideologiei comuniste în societățile marcate de o polarizare socială accentuată și cu o parte considerabilă a populației aflată sub pragul sărăciei (inclusiv cazul României).

Scenariul comunist al viitorului era simplu și optimist. Într-o primă fază, violența revoluționară se dovedea absolut necesară pentru zdrobirea instituțiilor burgheze și a vechii clase dominante. Apoi, superioritatea noii orânduiri și-ar fi spus cuvântul. Economia etatizată și centralizată, proprietate a întregului popor, urma să funcționeze mult mai bine decât anarhica economie capitalistă, afectată de dezechilibru structural și supusă unui șir nesfârșit de crize. Comunismul a fost – sau a vrut să fie – și o soluție de modernizare, de modernizare rapidă, cu accent pus pe dinamica industrială; România trebuia să se transforme rapid dintr-o țară agrară înapoiată într-o țară industrială avansată. În consecință, ar fi domnit nu doar egalitatea, ci și bunăstarea. Deși aproape toate țările cu regim comunist porniseră de la un nivel de dezvoltare foarte scăzut, într-un termen extrem de scurt – două, trei decenii, cel mult – urmau să depășească cele mai bogate economii capitaliste. S-ar fi rezolvat și problema delicată a libertăților, îngrădite în faza de tranziție; odată ce clasele exploatatoare ar fi dispărut și toată lumea se va fi lămurit cu privire la avantajele noului tip de societate, libertatea va consta în dreptul nelimitat al fiecăruia de a-și manifesta deplina satisfacție. Cine ar mai fi atât de nebun încât să conteste binefacerile regimului! (Mă voi referi mai încolo la un foarte sugestiv discurs al lui Ceaușescu, axat pe această temă.)

Pe hârtie, pariul se putea susține. Nu exista nici un precedent istoric pentru a-l confirma sau a-l infirma. În fond, de ce n-ar fi mers mai bine o economie etatizată, ținută sub strictă supraveghere? Iar egalitatea nu era totuși mai bună decât inegalitatea? „Meritul" comunismului real a fost acela de a fi lămurit chestiunea. Știm astăzi, în urma experimentului comunist, că o economie de acest tip în cel mai bun caz merge prost, iar în cel mai rău nu mai merge deloc. Pentru funcționarea convenabilă a mecanismului socioeconomic, libertatea în diversitate pare a fi un ingredient absolut necesar. În locul egalității în bunăstare pe care o promisese, comunismul a oferit până la urmă egalitatea în sărăcie.

Ar fi totuși un abuz de interpretare să considerăm că asta a și urmărit regimul comunist: să-și persecute propriul popor. Dacă reprimarea „dușmanului de clasă" a fost brutală și, încă o dată, criminală, comunismul și-a propus totuși să atragă de partea sa o majoritate, îndeosebi categoriile defavorizate (mai receptive, în termeni „tocquevillieni", la egalitate decât la libertate). Și odată încheiat masivul val inițial al represiunii, a trecut într-un plan secundar „lupta de clasă", proclamând unitatea întregului popor în opera de construire a unei societăți mai drepte și mai prospere. Spre deosebire de o dictatură banală care se mulțumește să oprime, comunismul a vrut să *transforme*, prin forță, desigur, dar și cu dorința de a convinge și de a mobiliza categorii cât mai largi. Sunt două fețe ale comunismului, opuse, dar în fapt complementare: comunismul opresiv și criminal, comunismul social și modernizator. Cum proiectul a eșuat, și încă lamentabil, partea întunecată a regimului iese mai puternic în evidență, însă o interpretare istorică echilibrată nu poate face abstracție de complexitatea fenomenului.

Interpretările divergente preiau și teoretizează contradicția originară. Totul se trage până la urmă din logica perversă a utopiei. Utopia funcționează perfect în registru imaginar, dar se încăpățânează să nu mai funcționeze atunci când se forțează transpunerea ei în realitate. Comunismul a fost o utopie.[3] Și, ca orice utopie, nu s-a putut implanta decât prin constrângere, și tot prin constrângere a durat atât cât a durat. Lăsată în voia ei, orice societate, oricât de

---

3. Despre utopia comunistă, în general: Lucian Boia, *Mitologia științifică a comunismului*, Humanitas, București, 1999 (și ediții ulterioare); vezi și punctele de vedere exprimate de Andrei Pleșu, Gabriel Liiceanu și Horia-Roman Patapievici în volumul colectiv *O idee care ne sucește mințile*, Humanitas, București, 2014.

„comunizată“, ar fi generat (cum s-a și întâmplat în final) proprietate privată, diferențieri sociale, pluralism ideologic... În timp ce „viitorul luminos“ a sfârșit prin a se dovedi o iluzie, constrângerea s-a permanentizat, devenind, din mijloc, un scop în sine. Preocuparea majoră a comunismului a ajuns să fie strict aceea de a supraviețui.

Și atunci? A fost comunismul o întreprindere criminală? Aș răspunde la această întrebare împrumutând o faimoasă replică a lui Talleyrand: mai mult decât o crimă, a fost o greșeală. Ceea ce nu înseamnă o diminuare, ci o amplificare a vinovăției. Crima îi afectează pe cei vizați direct și pe apropiații lor; greșeala însă, o greșeală de asemenea proporții, a dereglat pe termen lung întregul organism social. Toți plătim pentru comunism, chiar cei care nu-și dau seama sau continuă să creadă în binefacerile lui. Și vor mai avea probabil de plătit și cei care nu s-au născut încă.

IV

Mai sovietici decât sovieticii

ÎN MOD CURIOS, Karl Marx, întemeietorul „comunismului științific", s-a arătat foarte discret în privința trăsăturilor societății perfecte, pe care el însuși o imaginase. A mai completat schița, dar nu cu prea multe detalii, prietenul și colaboratorul său, Friedrich Engels. Calea spre comunism era sigură și obligatorie, tabloul comunismului rămânea însă în ceață. Oricum, avea să fie foarte bine! Nu vor mai exista statul și instituțiile lui constrângătoare, iar oamenii vor munci din plăcere, fiecare după posibilitățile sale, și vor primi tot ce le trebuie, fiecăruia după nevoi. Curat științific!

Marx e, așadar, autorul unui vag comunism teoretic. Comunismul real a fost opera lui Lenin și a bolșevicilor săi: ideea comunistă implantată în Rusia și inevitabil adaptată condițiilor rusești. Uniunea Sovietică, versiunea comunistă a Rusiei, s-a rupt de Rusia țaristă, dar în același timp a și continuat-o.

Se pot face diverse presupuneri cu privire la ce s-ar fi întâmplat dacă sistemul comunist s-ar fi instaurat nu în Est, ci în Vest, nu în încă înapoiata Rusie, ci în țările avansate ale continentului. E și argumentul ultim al celor care nu vor să renunțe la iluzia celei mai drepte societăți. Comunismul ar fi fost o idee bună, dar rău aplicată. Vina n-ar fi a lui Marx, ci a lui Lenin (și, bineînțeles, a lui Stalin), nu a comunismului, ci a Rusiei. Le dăm o veste proastă: ca alcătuire utopică, comunismul n-ar fi funcționat convenabil nicăieri.

Marx miza, evident, pe un comunism occidental; nutrea, de altfel, pentru Rusia un dispreț nedisimulat. Ironia istoriei a făcut ca tocmai această țară să-i preia mesajul. Orânduirea cea mai avansată s-ar fi cuvenit să izvorască din societățile cele mai avansate; și-a găsit însă, dimpotrivă, terenul favorabil acolo unde modernitatea făcea abia primii pași. „Ce-ar fi fost dacă...?“ e o chestiune greșit formulată. Occidentul n-avea cum să meargă în direcția indicată de Marx (dovada cea mai bună e că nici nu a mers). Revoluția industrială „sălbatică“, mizeria maselor proletare și „lupta de clasă“ în forma sa acută sunt trăsături caracteristice fazei dintâi a modernității; din ele și-a extras Marx scenariul său conflictual și vizionar. „Punctul critic" avea să fie însă depășit în Occident, grație creșterii economice și perfecționării mecanismelor democratice. Comunismul a rămas o „soluție" pentru societățile „semidezvoltate", aflate în prima etapă a industrializării, marcate de puternice contraste sociale și cu un deficit de cultură democratică. Ca orice revoluție, comunismul a preluat, dar a și conservat. Totalitarismul comunist s-a instalat comod pe fundamentul absolutismului țarist (până și temuta poliție politică a trecut, cu nume schimbat, de la un regim la altul). Iar extinderea mondială a comunismului, dirijată de la Moscova, s-a așezat, nu mai puțin firesc, în continuarea tradiționalei și neîncetatei expansiuni rusești de-a lungul veacurilor.

Regimurile comuniste instaurate în Europa Centrală și Răsăriteană seamănă foarte bine între ele, toate fiind copii ale modelului sovietic. Cum terenul pe care s-au așezat nu a fost chiar identic, s-au manifestat, de la țară la țară, și unele particularități. Sub acest aspect, România pare a fi fost cea mai apropiată de modelul sovietic originar, transpus până la detalii. Nu e de mirare, fiindcă, structural, societatea românească semăna destul de bine cu societatea rusească de dinainte de revoluție: ponderea covârșitoare a masei țărănești, analfabetismul, slaba tradiție democratică... Aidoma Rusiei (și Bulgariei), era și o țară predominant ortodoxă, așa că nici pe Biserică nu se putea conta pentru a mai atenua rigiditatea sistemului (ortodoxia având o lungă și nedezmințită tradiție de conformism politic). Va fi fost inițial și presiunea sovietică mai apăsătoare, asupra unei țări cu puternice sentimente naționaliste și antirusești, care trebuiau extirpate. A contribuit, evident, la copierea servilă a modelului sovietic și ponderea modestă pe care o avuseseră socialismul și comunismul în istoria și cultura românească; în lipsa unui fond „revoluționar" autohton, totul era de împrumutat. De altfel, dintre comuniștii români din „vechea gardă", cei mai mulți nici nu erau etnici români, cultura românească fiindu-le străină; cât despre cultura comuniștilor de origine română, să nu mai vorbim; ajunge cât l-am auzit vorbind pe Ceaușescu! (Lucrețiu Pătrășcanu, un intelectual de nivel mediu, a putut face figură de intelectual de marcă – chiar exagerat de intelectual! – printre comuniștii autohtoni, deși ideile lui nu străluceau prin originalitate; Vladimir Tismăneanu subliniază, pe bună dreptate, „slăbiciunea intelectuală a comunismului românesc interbelic".)[1]

---

1. Vladimir Tismăneanu, *op. cit.*, p. 110.

În toate țările cu regim comunist, puterea a aparținut exclusiv partidelor comuniste. Majoritatea țărilor-satelit ale Uniunii Sovietice îngăduiseră totuși și existența altor partide, subordonate, firește, partidului conducător și cu un rol pur „decorativ“. Regimurile comuniste respective au considerat că e util să păstreze iluzia unei minime diversități. Nici vorbă de așa ceva în România; ca și în Uniunea Sovietică, s-a aplicat cu străşnicie principiul partidului unic. Mai întâi, în februarie 1948, comuniștii i-au înghițit pe socialiști, singura „concesie“ pe care au făcut-o fiind aceea de a-și schimba denumirea din Partid Comunist în „Partidul Muncitoresc Român“ (revenind în 1965 la titulatura inițială de Partid Comunist). Partidele adverse (național-țărăniștii și liberalii) au fost desființate, iar micile formațiuni aliate s-au „autodizolvat“. Ultimul a dispărut Frontul Plugarilor, în 1953 (lăsându-l pe Petru Groza fără partid, dar instalat, după ce fusese prim-ministru între 1945 și 1952, în fruntea statului, ca președinte al Prezidiului Marii Adunări Naționale, din 1952 până la moartea sa în 1958). Fapt este că în România regimul n-a simțit nici măcar nevoia să arunce praf în ochi opiniei publice printr-un „pluralism“ politic de fațadă.

La fel de ortodoxă s-a arătat a fi – urmând întocmai modelul sovietic – și organizarea economică a țării. Naționalizarea „principalelor mijloace de producție" a fost decretată la 11 iunie 1948, urmând alte valuri de naționalizări, până nu a mai rămas practic nimic din proprietatea privată. „Colectivizarea" agriculturii s-a declanșat în 1949, încheindu-se în 1962, când s-a proclamat, cu emfază, victoria deplină a socialismului la orașe și la sate (au rămas necolectivizate doar unele zone montane și peticele de pământ de pe lângă casele oamenilor). Se făcea distincția între proprietatea privată – scoasă din istorie – și proprietatea personală, aceasta din urmă legitimă și putându-se materializa, la cotele ei maxime, într-un apartament înghesuit de bloc și, eventual, un automobil, cumpărat după o lungă așteptare pe „liste".

Spre comparație, au fost țări cu regim comunist care au înțeles să recurgă la unele „acomodări" în chestiunea proprietății. În Polonia și Ungaria, după 1956, colectivizarea a fost stopată, menținându-se, alături de formele colective, și o consistentă proprietate individuală țărănească. Dar chiar și în Cehoslovacia, Bulgaria și Germania de Est, unde colectivizarea a mers până la capăt, s-a dat dovadă de mai multă suplețe în organizarea producției agricole, tolerându-se și existența unor loturi individuale și urmărindu-se în mai mare măsură cointeresarea țăranilor. Rigiditatea sistemului românesc își are echivalentul doar în Uniunea Sovietică și în stalinista Albanie.[2]

În ultimele decenii de regim comunist, s-au făcut peste tot încercări de a infuza o doză de „economie de piață“ unui sistem economic sclerozat prin propria-i natură. Ungaria a mers cel mai departe sub raportul liberalizării economice (inclusiv prin lărgirea cadrului proprietății private). România, la extrema cealaltă, s-a remarcat până la capăt prin excesiva centralizare. Iarăși, modelul sovietic, în toată puritatea lui, aplicat cu nestrămutată convingere chiar și atunci când Uniunea Sovietică, sub impulsul lui Gorbaciov, începuse să se desprindă de propriul model. (Maxima „îndrăzneală“ economică a fost în România experimentul „mandatarilor“, pe la sfârșitul anilor '60; aceștia nici nu erau proprietari, ci doar închiriau un spațiu de la stat, în vederea desfășurării unui mic comerț, gen „cofetărie de cartier“; și asta a părut prea mult, așa că povestea mandatarilor s-a încheiat la scurt timp după ce începuse.)

Sovietic, întru totul, și profilul industrial al României comuniste. Accentul a căzut tot timpul, cum se spunea în anii '50, pe „industria grea, cu pivotul ei, industria constructoare de mașini“. Era un gen de modernizare care privea

---

2. *Raport final*, p. 255.

cam mult spre trecut, spre secolul al XIX-lea. Excelența industrială se măsura în indicatori precum nivelul producției de oțel. O adevărată mitologie a oțelului, exprimată până și în numele (fabricat ideologic) al liderului suprem Iosif Vissarionovici Stalin („stal" însemnând în rusește „oțel"). Oțel sovieticii puteau fabrica din belșug, dispunând de imense zăcăminte de fier și de cărbune. Nu era și cazul României, mai săracă în asemenea materii prime. Modelul sovietic trebuia însă respectat și, mai mult chiar, aplicat cu strălucire. Așa că s-a recurs la importuri masive de minereu de fier și de cărbune, ceea ce a determinat și deplasarea în bună măsură a industriei siderurgice dinspre centrele tradiționale apropiate de zăcămintele autohtone (Reșița, Hunedoara) spre axa Dunării (Galați, Călărași), mai potrivită pentru acest gen de aprovizionare. Una peste alta, România a ajuns să producă mai mult oțel pe cap de locuitor decât oricare dintre marile puteri industriale, inclusiv Uniunea Sovietică! Față de oțel și alte produse „grele", bunurile de consum au fost tot timpul vitregite în economiile comuniste. Se vorbea cu o notă de dispreț despre „societatea de consum", caracteristică lumii occidentale. Comunismul se construia prin producție, nu prin consum. Și sub acest aspect, România a rămas până la capăt fidelă – chiar peste măsură –

modelului originar. Când până și mâncarea ajunsese să lipsească din farfuriile oamenilor, oțelul și cimentul afișau invariabil o producție în creștere.

Și încă un exemplu, strâns legat de producție, de veșnica obsesie a producției: *ingineria*. Cea mai apreciată profesie în comunism a fost aceea de inginer. Iată specialistul chemat să transforme lumea, să construiască „noua realitate". Sovieticii, care au dat tonul societății „inginerești", ajunseseră la o promoție de ingineri reprezentând cam jumătate din numărul absolvenților de învățământ superior. Imens. Dar și aici România și-a depășit modelul. În ultimii ani ai regimului comunist, peste două treimi dintre studenții români (68,8% în anul universitar 1988/1989)[3] urmau facultăți cu profil ingineresc: un record mondial absolut! (După 1989, foarte mulți ingineri s-au reprofilat, adesea în activități complet diferite de pregătirea lor inițială.)

De remarcat, totuși, un paradox. Reclădindu-și societatea – atât de servil – după modelul sovietic, românii n-au ajuns să-și și simpatizeze marele vecin. Nici printre liderii comuniști nu s-au aflat prea mulți îndrăgostiți de Moscova. Limba rusă, deși devenită (până în 1964) ma-

---

3. Bogdan Murgescu, *op. cit.*, p. 389.

terie obligatorie de studiu încă din clasa a IV-a primară, n-a ajuns să fie cunoscută temeinic decât de puțini români. România s-a sovietizat masiv, dar s-a dovedit impermeabilă la rusificare. Cum s-ar spune, comunismul sovietic, de cea mai pură ortodoxie, a fost tradus din rusește în românește.

V

Represiunea și răsturnarea elitelor

MILENARISMELE SUNT DE FELUL LOR intolerante, represive și, fără rețineri, sângeroase. Au o latură criminală pe care și-o asumă cu bună știință și cu conștiința împăcată, pătrunse de convingerea că nu fac altceva decât să pună în aplicare deciziile supreme ale istoriei. Societatea ideală și definitivă cu care istoria se va încheia în toată splendoarea merită oricât de multe jertfe și suferințe. Este o operațiune de curățire radicală, la capătul căreia se întrevede desăvârșirea.

Cât de ridicolă pare astăzi invocarea perenității Reichului nazist, a cărui existență s-a mărginit la 12 ani! Dar cei implicați în această monstruoasă construcție credeau cu tărie în veșnicia ei. Cu atât mai mult în cazul comunismului, justificat printr-o „impecabilă“ schemă istorică, potrivit căreia societatea fără clase va fi sfârșitul: universal și definitiv. Ce mai contau atunci sutele de mii, milioanele, zecile de milioane de victime? Moartea însăși, de felul ei teribil de concretă, devenea o abstracțiune, prinsă în serii statistice și pe deplin justificată prin exigențele istoriei. În asemenea condiții, vina nu mai era a călăilor, simpli executanți ai unui plan superior, ci a victimelor, purtătoare ale unui rău care trebuia extirpat. Impunitatea celor cu mâinile mânjite de sânge era, evident, asigurată, odată ce roata istoriei nu avea cum să se mai întoarcă. Din comunism nu se putea ieși.

Totuși, și după prăbușirea sa, comunismul are parte de un tratament incomparabil mai blând decât nazismul și celelalte regimuri de tip „fascist". Chiar dacă cercetările istorice au dovedit că mult mai mulți oameni au pierit din pricina comunismului decât a tuturor fascismelor luate la un loc. E un paradox, explicabil printr-o serie întreagă de motive. Mai întâi, țelul ideal al comunismului, egalitatea și armonia socială, este, în sine, mai respectabil decât proiectul inegalitar și opresiv, cinic proclamat de diversele fascisme, și de nazism în primul rând. Marx, oricât l-am contrazice, e mai respectabil decât Hitler, iar *Capitalul* oferă totuși o lectură mai elevată decât *Mein Kampf* (ceea ce nu înseamnă că fondatorul comunismului științific ar avea, fie și indirect, mai puține victime pe conștiință decât fondatorul celui de-al Treilea Reich). „Bunele intenții“ ale comunismului reușesc încă, în ochii multora, să-i salveze, parțial, „onorabilitatea“, în ciuda comportamentului său abuziv și a efectelor dezastruoase. Mai e și faptul că „fascismul“ a pierdut războiul decisiv, pe când comunismul, prin Uniunea Sovietică, l-a câștigat. Iar mai târziu, când i-a venit și lui rândul, comunismul n-a fost nimicit din afară, ci s-a prăbușit el însuși, din interior, incapabil să mai supraviețuiască. Regimul s-a prăbușit, dar elita creată de el a rămas la putere. E ca și cum Germania, după 1945, s-ar fi democratizat cu vechii naziști în posturile de comandă. În asemenea condiții, nici vorbă de un proces al comunismului. Nici Occidentul n-a presat în această privință; dimpotrivă, a susținut politica de „reconciliere“ postcomunistă, pronunțându-se fără echivoc împotriva „vânătorii de vrăjitoare“. De altfel, Occidentul însuși avusese zeci de ani relații echivoce cu regimurile comuniste, și nu puțini occidentali fuseseră contaminați de ideologia „viitorului luminos“. Așa se face că, între comunism și fascism, marele vinovat în fața istoriei rămâne fascismul, în timp ce comunismului vinovăția i se diluează în fel și chip, acordându-i-se tot soiul de circumstanțe atenuante.

Să o spunem de la bun început: crimele comunismului nu sunt de aceeași natură cu ale nazismului (cele două totalitarisme criminale concurente). Caracteristic nazismului e în primul rând (desigur, nu exclusiv) *genocidul*, eliminarea grupurilor etnice considerate impure, evreii cu deosebire. În comunism, represiunea are un caracter de clasă, îndreptată cu precădere împotriva claselor adverse, a vechilor elite; de fapt, chiar dincolo de limitele de clasă, împotriva tuturor celor considerați adversari sau suspecți din punct de vedere politic. Unii n-au putut rezista tentației de a folosi, și în cazul comunismului românesc, termenul „genocid", considerat, se vede, mai „valorizant" și de natură să conducă mai ușor la condamnarea crimelor comunismului, prin asimilarea formală cu fărădelegile nazismului (peste toate, crima de genocid fiind și singura imprescriptibilă, potrivit dreptului internațional). Așa se face că, până și în *Raportul final* al Comisiei prezidențiale pentru analiza dictaturii comuniste, capitolul care tratează despre acest subiect se intitulează *Genocidul comunist în România*, iar termenul „genocid" e folosit în repetate rânduri[1] (să ne amintim că și Ceaușescu, la faimosul său pseudoproces, a fost acuzat de genocid, invocându-se cu seninătate

1. *Raport final*, în principal pp. 459–460.

date fabricate). Aici, lucrurile trebuie puse la punct cu toată claritatea: n-a fost în România comunistă nici un fel de genocid. Asta nu înseamnă că sare cineva în apărarea memoriei defunctului regim. Crimele au fost mari și multe, dar nu de natura genocidului. Genocidul privește, potrivit definiției universal acceptate, distrugerea, totală sau parțială, a unui grup național, etnic, rasial sau religios. Or, o asemenea acțiune nu a existat în România comunistă (și n-a fost, în principiu, caracteristică filozofiei comuniste, cu excepțiile de rigoare, precum deportările pe criterii etnice în Uniunea Sovietică pe vremea lui Stalin). Crimele comunismului românesc n-au avut un caracter specific etnic sau religios, ci social și politic. Pentru a marca distincția, unii autori folosesc termenul „politicid“ (cuvânt cam barbar, dar prezentând cel puțin avantajul de a defini corect sensul represiunii).[2] Comunismul n-a fost mai puțin criminal decât nazismul (în cifre absolute, chiar îl depășește la acest capitol); a fost însă *altfel* criminal: cu alte motivații și cu alte criterii de „selecție“ a victimelor.

---

2. Cu privire la inadecvarea termenului „genocid“, vezi Gabriel Andreescu, „Raportul: ansamblul și detaliile“ și Michael Shafir, „Genocid, politicid, democid: lacune importante în raportul Tismăneanu“, în *Iluzia comunismului*, ed. cit., pp. 61–62 și 185–200.

Disputa s-a încins și în jurul cifrelor represiunii. Câți oameni au fost întemnițați sub regimul comunist? Datele disponibile sunt incomplete, și concluziile, inevitabil, contradictorii, influențate și de opinia pe care fiecare autor o are cu privire la esența comunismului (unii accentuându-i caracterul represiv, alții relativizându-l). Mai sigură este periodizarea: etapa dură și masivă a represiunii se încheie în 1964 (odată cu grațierea deținuților politici). Nici această primă etapă nu este omogenă, cunoscând un vârf al prigoanei politice în anii 1948–1952, apoi o relativă relaxare în jurul anului 1955, după care urmează un nou val represiv în 1958–1959 (revoluția din Ungaria din 1956, cu ecouri și în România, și retragerea trupelor sovietice în 1958 determinând regimul să-și afirme autoritatea, înăsprind măsurile de siguranță). Potrivit unui document oficial din 1968, în intervalul 1950–31 martie 1968, au fost arestate în România 91.333 de persoane (dintre care condamnate 73.636).[3] E în mod cert o subevaluare. La extrema cealaltă, reflectând în genere perspectiva foștilor deținuți pe motive politice, supraevaluarea e la fel de evidentă, ajungându-se la două

3. Lucian Nastasă, „Conduita conspirativă sub regimul comunist“, în *Miturile comunismului românesc* (ed. Lucian Boia), ed. cit., pp. 202–203.

sau chiar trei milioane de persoane întemnițate. Cele mai multe estimări se opresc pe „linia de mijloc", la 5–600.000 de persoane. Dar toate calculele sunt simple extrapolări, cu totul nesigure, în ciuda, uneori, a „exactității" afișate. Astfel, combinând tot felul de date, Dinu C. Giurescu ajunge la un total de 394.216 (nici unul în plus sau în minus) de deținuți și deportați politici în intervalul 1948–1962, cu specificarea că „cifra reprezintă desigur un minim și se va modifica prin noi cercetări, care pot duce totalul până spre 500.000". E posibil însă ca cifra reală – pe care probabil n-o vom ști niciodată – să fi fost simțitor mai mică.[4]

Și mai obscură este statistica celor morți în detenție. Dorin Dobrincu a pus cap la cap listele oficiale disponibile; rezultatul: 1.406 condamnați la moarte și executați sau decedați în închisori, în intervalul 1945–1958.[5] Recent, Televiziunea Română a comunicat o cu totul altă cifră: din totalul de 3 milioane de persoane presupus întemnițate, ar fi pierit nu mai puțin de

---

4. Bilanțuri ale represiunii: *Raport final*, pp. 459–469 și 535–543; Dorin Dobrincu, *Listele morții. Deținuți politici decedați în sistemul carceral din România potrivit documentelor Securității, 1945–1958*, Polirom, Iași, 2008; *Istoria românilor*, vol. X (ed. Dinu C. Giurescu), Editura Enciclopedică, București, 2013, pp. 648–651.

5. Dorin Dobrincu, *op. cit.*

800.000![6] Documentele oficiale sunt cu siguranță incomplete, dar și imaginarul represiunii atinge uneori cote greu de închipuit.

Dificultatea unui bilanț statistic provine și din faptul că nu toți deținuții au fost condamnați „cu acte în regulă". Unii au trecut prin anchete fără a suferi până la urmă o condamnare. S-au aplicat, mai ales, pe scară largă, „internările administrative", arestarea fără vreun motiv anume și fără judecată, cu dublul scop de a-i timora pe recalcitranți și de a popula lagărele de muncă. Tot o formă de detenție sau de muncă forțată au fost și detașamentele de muncă în care, în loc de a efectua serviciul militar normal, erau încorporați tinerii cu origine socială „nesănătoasă". Iar în ceea ce privește morții, mulți oameni au fost uciși în acțiunile represive ale Securității, fără a mai ajunge la închisoare sau la judecată.

Un capitol special îl reprezintă deportările, aplicare și în acest domeniu a cunoscutului model sovietic, moștenit și el din Rusia țaristă. Spre deosebire de ruși, românii nu dispuneau de o Siberie; trebuiau să-și inventeze una, obligatoriu

---

6. Comentarii transmise pe data de 10 februarie 2016, în legătură cu condamnarea definitivă la 20 de ani de închisoare a lui Alexandru Vișinescu, acuzat de moartea mai multor deținuți.

la scară redusă. A fost aleasă câmpia Bărăganului. Aici aveau să fie deportate între 1949 și 1964 circa 60.000 de persoane. Fenomenul de masă s-a petrecut în iunie 1951, când 44.000 de oameni, din regiunea limitrofă graniței cu Iugoslavia, au fost ridicați într-o noapte de la casele lor, înghesuiți în vagoane de vite, duși la sute de kilometri depărtare, în Bărăgan, și azvârliți acolo pe pământul gol; și-au săpat singuri bordeie, apoi și-au zidit case, și astfel a apărut o întreagă constelație de sate de deportați. Motivele acestei stranii măsuri: erau țărani înstăriți și susceptibili de a fi „contaminați" de vecinii lor iugoslavi, care, conduși de cel numit deja „călăul Tito", se rupseseră de lagărul sovietic... Sunt totuși „argumente" greu de înțeles, chiar încercând să intrăm în logica lor strâmbă. Mai adecvată mi se pare explicația „mimetică": rușii deportau, trebuiau să o facă și românii. Să aibă și România comunistă Siberia ei, mica ei Siberie!

Modelul sovietic bate la ochi și în cazul Canalului Dunăre–Marea Neagră, a cărui construcție a fost începută în 1949. Nu de un asemenea canal avea nevoie atunci România. De altfel, lucrările aveau să fie abandonate în 1953 (pentru a fi reluate, la ordinul lui Nicolae Ceaușescu, două decenii mai târziu, în 1973). Era tot o invenție rusească: canalul-colonie de muncă. Exemplu strălucit: Canalul Volga–Don, cu scop economic, pe de o parte, dar nu mai puțin cu scopul pedepsirii și exterminării deținuților politici puși la lucru pe șantier în condiții inumane. În toate, comuniștii români s-au dovedit elevi conștiincioși.

Numărul, desigur, nu este indiferent. Mai mare sau mai mic, rămâne oricum inadmisibil de ridicat (inadmisibilă fiind și condamnarea nejustificată a unui singur om; cutremurul provocat în Franța, la sfârșitul secolului al XIX-lea, de „afacerea Dreyfus" a marcat în această privință un precedent semnificativ). Mai importantă însă – în perspectivă istorică – decât „cantitatea" represiunii este dimensiunea calitativă a fenomenului. Comunismul a vânat în primul rând elitele: mai puțin numeroase, evident, decât masa populației, dar reprezentând „structura de rezistență" a oricărei societăți. I-a vânat pe cei atașați vechilor valori și pe cei care înțelegeau să gândească și să trăiască în mod liber. Represiunea a urmărit, și în bună măsură a reușit, să distrugă România existentă, pentru a pune în locul ei o altă Românie.[7]

7. O privire de ansamblu asupra represiunii comuniste, la Claudia-Florentina Dobre, *Un pays derrière les barbelés. Brève histoire de la répression communiste en Roumanie*, Fundația Culturală „Memoria", București, 2013; și în engleză: *A Country Behind Barbed Wire. A Brief History of Communist Repression in Romania*, 2015.

200 de oameni au fost întemnițați la Sighet între 1950 și 1955. Nu foarte mulți, s-ar zice. Erau însă aproape toți înalții demnitari pe care îi avusese România: prim-miniștri, miniștri și alte personalități marcante (majoritatea întemnițați fără proces, prin simplă decizie administrativă). 53, peste un sfert dintre ei, au murit în timpul detenției; printre cei dispăruți, ca nume cu puternică rezonanță simbolică, Iuliu Maniu, liderul istoric al Partidului Național-Țărănesc și fost prim-ministru, și renumitul istoric Gheorghe Brătianu.

Ani de zile, moara comunistă de măcinat destine a funcționat din plin. Vizate au fost cu deosebire elitele de tot felul, politice, administrative, religioase, economice, intelectuale... Elitele satelor, țăranii mai întreprinzători și cu o stare materială mai bună, etichetați drept „chiaburi" (echivalentul românesc al *kulak*-ului sovietic) și încadrați în rândul „exploatatorilor" („dușmanul de clasă") au fost o țintă privilegiată. Dar n-au scăpat de persecuții și închisori nici mulți țărani săraci sau „mijlocași", învinuiți de tot felul de delicte economice cu iz politic, precum neachitarea cotelor obligatorii sau neînsămânțarea terenurilor (la ce bun să mai semeni, când toată recolta o lua statul!).

Metoda „amalgamului" a fost o caracteristică a proceselor politice. Erau constituite „loturi", alcătuite din persoane de cele mai diverse extracții sociale și orientări politice, care în foarte multe cazuri nici nu se cunoșteau între ele, artificial reunite în scenarii fictive de înaltă trădare, spionaj, sabotaj, uneltire împotriva ordinii sociale... Pentru a lovi cât mai tare – cu aparentă justificare –, regimul avea nevoie de argumente conspiraționiste, amplificând conștient pericolul reprezentat de „rămășițele" fostei clase „exploatatoare".

Când, după o ușoară perioadă de relaxare, se părea că unii intelectuali ar putea îndrăzni să ridice capul, s-a înscenat, în 1960, faimosul proces Noica–Pillat, încheiat cu peste 20 de condamnări, pe termene mergând până la 25 de ani de muncă silnică pentru „delictul" de a fi scris sau numai de a fi citit texte considerate „contrarevoluționare".

Represiunea nu s-a limitat de altfel la arestări și condamnări. Oamenilor li s-au confiscat proprietățile, locuințele, au fost aruncați în drum, dați afară din slujbe, fiilor și fiicelor lor li s-a interzis accesul în universități și câte altele...

Dincolo de drama atâtor familii, e de consemnat rezultatul istoric. România a devenit alta. Vechea elită politică a dispărut cu totul. La fel, elita economică. Elita intelectuală a supraviețuit parțial, dar timorată și obligată să se supună comandamentelor regimului.[8]

8. Despre vârfurile elitei intelectuale în primul deceniu de comunism, în Lucian Boia, *Capcanele istoriei*.

Repede, s-a încropit o nouă „elită", prin promovarea celor considerați cu „origine sănătoasă", ceea ce însemna „jumătatea" cea mai săracă a țării. Problema este că cei mai săraci erau și cei mai inculți, iar a fi incult în România însemna a fi incult de-a binelea (Ceaușescu și soția sa, academiciana, rămân în această privință cel mai bun exemplu). Se va spune că vina acestei stări de lucruri aparținea vechiului regim, dar asta nu schimbă cu nimic situația: ridicarea bruscă a unei mase de oameni care nu aveau nici cea mai elementară pregătire.

Se putea astfel raporta – deja în 1949 – că, în Ministerul de Externe (un loc care pretinde totuși profesionalism și un anume grad de „cizelare" socială), „aproape unanimitatea funcționarilor sunt proveniți din câmpul muncii și n-au făcut parte din vechiul aparat de stat. Din cei 746 salariați ai Ministerului, 714 provin din câmpul muncii, adică 96%, și numai 32 salariați au făcut parte din vechiul aparat de stat, adică 4%... Din totalul de 746 salariați, 174 sunt muncitori, adică 23,33%, 212 sunt țărani, adică 28,42%, 351 funcționari, adică 47%, și 9 aparțin altor categorii (burghezi), adică 1,2%".[9]

Elita intelectuală românească între 1930 și 1950, ediția a III-a revăzută și adăugită, Humanitas, București, 2013.

9. *Documente Gheorghiu-Dej*, „Notă informativă asupra compoziției aparatului de stat", 26 octombrie 1949, pp. 223–224.

La Direcția Generală a Securității Poporului, procentajul era similar: din 4.336 de salariați, 4.221, adică 97,35%, proveneau din „câmpul muncii“ (62,8% muncitori, 5,5% țărani).[10] Și în armată, vechiul corp ofițeresc a fost aproape în întregime eliminat: s-a creat o nouă ofițerime, provenită din rândurile „clasei muncitoare“ și ale „țărănimii muncitoare“.

Alte departamente mai aveau de recuperat, dar procentul de „însănătoșire“ era în curs.

Ani de-a rândul, viitoarele cadre au luat drumul Uniunii Sovietice, pentru a căpăta chiar de la sursă formația cuvenită. Firește, originea sănătoasă era o condiție obligatorie. În toamna anului 1949 sunt menționați 571 de studenți și 247 de aspiranți care urmau să plece la studii în marea țară prietenă.[11] Nu lipsea nici o specializare, de la siderurgie și energie electrică la pedagogie, cinematografie și sănătate; erau și locuri la specialitatea „machiaj“ (pentru filmări) sau la tăbăcirea și prelucrarea pieilor. La revenirea în țară, însoțiți adesea de o soție

---

10. *Ibidem*, p. 225.

11. *Ibidem*, pp. 201–205 („Tabel cu numărul studenților care urmează să plece în toamnă în Uniunea Sovietică, repartizați pe specialități“, 7 septembrie 1949). Termenul „aspiranți“ îi denumea pe absolvenții de facultate care „aspirau“ să devină „candidați în științe“, un simulacru de doctorat în sistemul de învățământ sovietic, adoptat și în România.

rusoaică, deţinătorii de diplome sovietice aveau cariera asigurată.

Unii s-au prăbuşit, alţii s-au ridicat. Şi atunci, e de înţeles că avem interpretări radical diferite ale comunismului. Probabil că cei care consideră că au avut de câştigat (chiar cu riscul ca întreaga societate să piardă) sunt mai numeroşi decât cei care au pierdut. Faţă de restrânsa elită anterioară, comunismul, regim prin excelenţă birocratic, a multiplicat gama carierelor disponibile: administraţie, aparat de partid, Securitate, ca să nu mai vorbim de nesfârşita armată industrială, cu directorii şi inginerii ei de tot felul. În prima lui fază îndeosebi, comunismul a determinat o extraordinară mobilitate socială ascendentă. Li s-a dat multora sentimentul că sunt importanţi, că au făcut paşi înainte în viaţă. Precum maselor de ţărani deplasaţi la oraşe şi deveniţi muncitori industriali. Cu atât mai mult celor ajunşi şefi şi şefuleţi la Partid sau la Securitate sau în diversele sectoare economice. Numărul posesorilor de diplome a crescut vertiginos: de zece ori mai mulţi absolvenţi de liceu în 1970 faţă de 1938; şi un salt, în acelaşi interval, de la 17 la 75 de studenţi la 10.000 de locuitori[12] (nu sunt totuşi de idealizat rezul-

---

12. Daniel Barbu, *loc. cit.*, p. 194.

tatele învățământului comunist: înmulțirea numărului de studenți s-a petrecut în toate țările, iar România, în ciuda sporului realizat, se afla, la sfârșitul epocii comuniste, exact pe ultimul loc printre țările europene!).

VI

Evrei „internaționaliști“ și români „patrioți“

E DESTUL DE CURENTĂ IDEEA că prima etapă – cea mai rea – a comunismului nu a fost opera românilor, ci a „celorlalți“: stăpânul sovietic, mai întâi, apoi uneltele acestuia din interior, străine de poporul român. Desigur, comunizarea României s-a făcut respectându-se punct cu punct directivele Moscovei și sub atenta îndrumare și supraveghere a consilierilor sovietici aflați la fața locului. Nimic nu dovedește însă că, atunci când se lovea în tot ce însemna tradiție istorică și culturală românească, lideri comuniști precum Gheorghe Gheorghiu-Dej și Nicolae Ceaușescu, români pursânge și viitori purtători ai stindardului național, ar fi gândit în termeni mai românești decât alții (singurul care s-a declarat mai întâi român și apoi comunist a fost Lucrețiu Pătrășcanu, și acesta e unul dintre motivele care l-au costat viața). Nu s-au dovedit comuniștii etnici români mai români decât comuniștii de alte origini; și-au descoperit românismul mai târziu, atunci când, aspirând să scape de tutela Moscovei, au trebuit să găsească un alt slogan mobilizator; și ce puteau pune altceva decât naționalismul în locul internaționalismului de până atunci?

Acestea fiind zise, nu se poate trece cu vederea ponderea enormă a „neromânilor" în aparatul comunist, și mai ales în funcțiile-cheie, de-a lungul primului deceniu al noului regim: evrei, maghiari, ucraineni și așa mai departe. Explicația e destul de simplă: mai întâi, ponderea mare a „neromânilor" corespundea compoziției „tradiționale" a Partidului Comunist; chiar lărgindu-și rândurile, și încă spectaculos, după 1944, acesta a rămas dominat încă, o vreme, de nucleul conducător originar; apoi, în mod evident, „neromânii" erau mai potriviți pentru punerea în practică a unui proiect antinațional, zis „internaționalist", decât etnicii români, fie ei și comuniști.

Problema specială, în acest context, îi privește pe evrei. A existat sau nu o fază predominant „evreiască" în mersul regimului comunist din România? Unii o afirmă chiar cu „delectare" și înșiră liste nesfârșite de nume. Alții, dimpotrivă, își propun să atenueze fenomenul: au fost evrei așa cum au fost și români, nimic mai mult, nimic special...

Sunt de fapt două întrebări, care conduc la răspunsuri nu tocmai asemănătoare. Prima dintre ele: au fost evreii, în masa lor, atrași de propaganda comunistă? Răspunsul este nu: dovadă, amplul curent de emigrație spre Israel, declanșat din primul moment, în 1948, și care nu s-a încheiat decât cu sfârșitul, practic, al comunității evreiești din România. Evreii au întors, așadar, spatele României comuniste, în mai mare măsură decât au făcut-o românii înșiși! Documentele atestă din plin, încă din 1948, îngrijorarea regimului față de intențiile de emigrare ale evreilor și, cu deosebire, față de propaganda sionistă. S-au desfășurat și procese pe motive de sionism, încheiate cu numeroase condamnări.[1]

Dacă ne referim însă nu la toți evreii, ci la comuniștii evrei, lucrurile prezintă atunci o altă față. Aceștia sunt în mod evident suprareprezentați, și încă masiv suprareprezentați, la diverse niveluri, și mai ales la nivelul de sus, în aparatul de stat și de partid (raportat la o populație evreiască de cel mult 2,5% din populația țării). În fruntea partidului, Ana Pauker este,

1. Cu privire la acest subiect, vezi Liviu Rotman, *Evreii din România în perioada comunistă, 1944–1965*, Polirom, Iași, 2004.

alături de Gheorghiu-Dej, personalitatea cea mai puternică până în 1952. Iosif Chișinevschi, alt membru al Biroului Politic, este șef peste cultură și propagandă. Evreii sunt la vârf și în sistemul represiv, alături de „alte naționalități". Securitatea statului îl are în frunte pe ucraineanul Gheorghe Pintilie (Pantiușa Bodnarenko), secundat de Vladimir Mazuru (Mazurov), tot un ruso-ucrainean, și de evreul basarabean Alexandru Nicolschi (Boris Grünberg); Mișu Dulgheru (Dulbergher), și el evreu, este șeful direcției „Anchete".

Poziția „supremă" o ocupă comuniștii de origine evreiască la „Propagandă și Cultură". Leonte Răutu (Lev Oigenstein) e înaltul responsabil al acestui domeniu și principalul ideolog al partidului, în toată perioada Gheorghiu-Dej, din 1948 până în 1965. Literatura este îndrumată pe calea cea nouă de critici literari improvizați, precum Ion Vitner și Nicolae Moraru, în timp ce Mihail Roller se instaurează în poziția de „mic dictator" al istoriei. Evreii făceau tocmai bine treaba în zona culturală. Românii ar fi fost prea români, iar ungurii sau ucrainenii, prea unguri sau prea ucraineni. Dintre toți minoritarii, evreii erau cei mai integrați în cultura românească. Nu putea veni totuși un ungur să impună o altă literatură română sau o altfel de istorie. Soluția „evreiască" se impunea de la sine.

Într-un anume sens, evreii aceștia nici nu mai erau evrei. Erau, firește, atei, în timp ce evreul, cum bine se știe, se definește prin apartenența sa religioasă. Căpătau astfel un aer „internaționalist"; nu combăteau naționalismul românesc de pe poziția altui naționalism, ci în sensul depășirii naționalismelor de orice fel. Își amintea un intelectual evreu, foarte tânăr pe atunci, cum, pus în situația de a-și preciza naționalitatea, a declarat, cât se poate de convins: „internaționalistă"![2] Pornind de aici, ar fi totuși aberant să spunem că nici un evreu nu s-a aflat în ierarhia comunistă românească. „Internaționalii" erau totuși evrei, pornind de la condiția de evrei deveniseră „internaționali".

Tipică pentru demersul antinațional a fost *Istoria R.P.R.*, voluminosul manual patronat de Mihail Roller. În prima ediție, din 1947, se intitula încă *Istoria României*; apoi, România a devenit Republica Populară Română, mai pe scurt *R.P.R.*, o siglă abstractă, fără vreo conotație de ordin național sau cultural (după cum și Ungaria ajunsese să se numească R.P.U. sau Germania de Est, R.D.G.). Era exact întoarcerea pe dos a istoriei tradiționale. Acolo unde istoricii români insistaseră asupra fondului latin, erau

2. *În viață sunt lucruri care nu se fac. Și care totuși se fac... Péter Várdy în dialog cu Imre Tóth*, Humanitas, București, 2014, p. 45.

puse, dimpotrivă, în evidență influența slavă și permanentele legături cu popoarele slave, cu Rusia în primul rând. Accentul nu mai cădea pe națiune, ci pe lupta de clasă, adică exact pe opusul solidarității naționale. România însăși apărea ca o construcție „impură“: Unirea Principatelor la 1859 s-ar fi înfăptuit în numele intereselor de clasă ale burgheziei și moșierimii, iar participarea românească la Primul Război Mondial, în urma căruia s-a desăvârșit unitatea națională sub forma României Mari, era caracterizată drept imperialistă. Schimbarea proiectului de viitor presupunea, în logică comunistă, și schimbarea corespunzătoare a trecutului. Punct de plecare al unei întregi serii de „cotituri“ istoriografice, de fiecare dată istoria trebuind să se adapteze întorsăturilor ideologice și politice. La fel s-au petrecut lucrurile și în sfera literară: mari scriitori au fost complet evacuați din cultura română, locurile rămase vacante fiind ocupate de autori derizorii (cazul lui A. Toma, și el evreu, poet de mâna a treia, pus, fără glumă, alături de Eminescu), în timp ce marii clasici, greu totuși de ocolit, au fost cenzurați fără jenă și complet răstălmăciți (Eminescu însuși, din profet național, devenind un poet al luptei de clasă!).

Aș spune că Roller (folosindu-i numele ca simbol al întregii orientări antinaționale în cultura românească) a reușit să obțină un efect exact invers față de cel scontat. Ofensiva antinațională a determinat – ca într-o amplă mișcare de pendul – o reacție naționalistă pe măsură, la fel de excesivă ca antinaționalismul anterior. În loc să-i vindece pe români de naționalism, Roller i-a îmbolnăvit de-a binelea.

Schimbarea de direcție începe să se întrevadă încă de la sfârșitul anilor '50. În toate țările comuniste avea să se afirme un plus de identitate națională, absolut necesară pentru legitimarea regimurilor respective. Dar nicăieri nu s-a mers atât de departe ca în România: la un comunism de-a dreptul naționalist. Nu doar la o atenuare a „internaționalismului" inițial, ci exact la opusul acestuia. O explicație este necesară. A fost cartea pe care a jucat-o Gheorghiu-Dej – împreună cu grupul său de fideli – pentru a se menține la putere și a-și consolida poziția, în condițiile „dezghețului" petrecut în „lagărul socialist" după moartea lui Stalin (1953), de-a lungul deceniului „reformist" (1954–1964) reprezentat de noul lider sovietic Nikita Hrușciov. Aproape peste tot s-au petrecut schimbări la vârful conducerii comuniste, frământările din Polonia și revoluția din Ungaria dovedind cu prisosință că ceva (și chiar mai mult) trebuia modificat în strategia de putere a comunismului. În loc să se lase purtat de valul „hrușciovian" care ar fi putut să-l scoată din joc, Gheorghiu-Dej a ales calea legitimării interne, prin detașarea, pe cât posibil, de politica Kremlinului. Ceea ce a însemnat, pe de o parte, un refuz al reformelor (susceptibile să fragilizeze regimul), iar pe de altă parte, apelul, discret inițial, dar din ce în ce mai insistent, la valorile naționale. Cu alte cuvinte, nu vreun „românism", pe care liderul Partidului și cei din jurul său l-ar fi ținut bine ascuns până atunci, ci nevoia unui nou tip de legitimare a condus la readucerea în prim-plan a identității naționale, amplificată apoi la dimensiunile unui naționalism exacerbat.

Nu pot fi ignorate nici evoluțiile din interiorul Partidului; acesta, foarte „neromânesc" la origine, s-a românizat, pe măsură ce a devenit o organizație de masă: la sfârșitul perioadei comuniste ajunsese aproape la 4 milioane de membri... Alt record românesc! Masiva ascensiune socială a unor largi categorii, de obârșie modestă și, în cea mai mare parte, de cultură rurală tradițională, a contribuit din plin la afirmarea și accentuarea sensibilității „național-autohtoniste". În condițiile în care întreaga Românie a trecut printr-un proces de românizare: prin emigrarea masivă a grupurilor etnice, evreii mai întâi, după aceea germanii, într-o anumită măsură și maghiarii, ca și în urma procesului de industrializare/urbanizare care a revărsat în orașele până atunci multietnice o masă considerabilă de români proveniți din mediul rural. A reușit comunismul, „internaționalist“ în principiu, să realizeze ceea ce visase extrema dreaptă naționalistă: o Românie cât mai românească; la 1930, românii etnici reprezentau 71,9% din populația țării, în timp ce la sfârșitul perioadei comuniste au atins 89,5%.[3]

Retragerea trupelor sovietice (în 1958) a marcat începutul dezghețului național, contribuind la conturarea noii imagini a lui Gheorghiu-Dej, aceea de comunist patriot. În ianuarie 1959 s-a dat o mare amploare sărbătoririi – pentru prima dată sub regimul comunist – a Unirii Principatelor, de la care se împlinea un veac; cu numai câțiva ani în urmă, același eveniment era văzut ca opera interesată a burgheziei și moșierimii... Una dintre primele măsuri caracteristice noului curs național a fost desființarea în 1959 a Universității Bolyai din Cluj; fosta universitate maghiară se contopea cu Universitatea Babeș, devenind o simplă secție a unei instituții predominant românești (și tot mai românești odată cu scurgerea anilor), chiar dacă purta dubla titulatură „Babeș-Bolyai“. De altfel, treptat, la vârful Partidului și, în genere, în

---

3. Lucian Boia, *Cum s-a românizat România*, Humanitas, București, 2015.

funcțiile de conducere, se rarefiază, an de an, componenta „minoritară". Începutul se făcuse în 1952, prin eliminarea din fruntea Partidului a evreicei Ana Pauker și a ungurului Vasile Luca (însă atunci contase mai mult lupta pentru putere decât naționalitatea respectivilor). Față de inflația inițială de maghiari și de evrei în sectoare-cheie din primii ani ai epocii comuniste, puteau fi numărați pe degete cei care rămăseseră în funcție la capătul perioadei Gheorghiu-Dej. „Avantajul" de a nu fi român etnic se transformase treptat în dezavantaj.

Momentul de vârf, cu înaltă încărcătură simbolică, este aprilie 1964: faimoasa *Declarație* a Partidului Muncitoresc Român, prin care, refuzându-se susținerea Uniunii Sovietice în diferendul ei cu China, celălalt gigant comunist, se proclamă în fapt independența României. O independență, e drept, relativă, țara rămânând integrată în structurile controlate de sovietici: Pactul de la Varșovia și organizația economică C.A.E.R. Despre cât a fost sau nu de independentă România comunistă în sfertul de veac care a urmat se poate discuta la nesfârșit, după principiul paharului pe jumătate plin sau pe jumătate gol. Cert este că regimul a dorit – și a și reușit într-o bună măsură – să dea impresia că tot ceea ce privea România se decidea de acum înainte la București și numai la București. În paralel, trecutul românesc, tradiția românească, cultura românească au fost reabilitate și puse în serviciul noului curs politic. În sfârșit, relațiile cu Occidentul, aproape înghețate în primele decenii de comunism, au cunoscut o deschidere, notabilă fiind vizita de-a dreptul provocatoare în Franța (între 27 iulie și 3 august 1964) a unei delegații guvernamentale conduse de prim-ministrul Ion Gheorghe Maurer, în condițiile în care generalul De Gaulle afirma la rându-i poziția independentă a țării sale în sânul alianței occidentale. România se și vedea ca o „mică Franță“ în cadrul Tratatului de la Varșovia. În toamna anului 1964 au început să vină în țară, disponibile la prețuri moderate, ziare și reviste franțuzești, adevărată mană cerească pentru intelectualul român „de tip vechi“. În învățământ, limba rusă și-a pierdut monopolul; rămânea să fie solicitată, la alegere, în concurență cu celelalte limbi de circulație; așa că cei mai mulți dintre tinerii români au ajuns să studieze franceza sau engleza. Și „specializările“ în străinătate s-au reorientat brusc dinspre Uniunea Sovietică spre Occident. Din 683 de persoane trimise la specializare în 1965–1966, numai 16,9% au ajuns în țări comuniste (majoritatea în U.R.S.S.), în timp ce 83,1% au avut ca destinație țări occidentale; pentru 1967 și 1968 se prevedea trimiterea unui număr de 584 de persoane, doar 45 dintre acestea în Uniunea Sovietică, în Franța – 207, Statele Unite – 50, Italia – 50, Republica Federală a Germaniei – 36...[4]

Astăzi vedem mai curând imobilismul regimului decât schimbările prin care a trecut. Atunci a fost însă un cutremur și un moment de entuziasm, de mare speranță. Nici un regim comunist n-a cunoscut o întoarcere atât de radicală a reperelor sale culturale. Și, în plus, fără nici un fel de schimbare de gardă; mereu același Gheorghe Gheorghiu-Dej, cu acoliții săi.

4. *Istoria comunismului din România* (editori: Mihnea Berindei, Dorin Dobrincu, Armand Goșu), vol. II, *Documente Nicolae Ceaușescu (1965–1971)*, Polirom, Iași, 2012, pp. 241–243 (în continuare: *Documente Nicolae Ceaușescu*).

VII

Rezistența

S-A AFIRMAT ADESEA CĂ, printre țările-satelit ale Uniunii Sovietice, românii sunt cei care s-au opus în mai mică măsură comunismului. Afirmație în egală măsură adevărată și neadevărată; sau neadevărată și adevărată. Nu e un joc de cuvinte, ci doar o încercare de a sugera încă un paradox românesc.

Acte de revoltă, individuale sau colective, au fost nenumărate, cu deosebire în primul deceniu de comunism. Documentele Securității atestă o stare de neliniște în toate mediile sociale, chiar printre cele în principiu „favorizate“ de comunism: muncitorii se plâng de insuficiența salariilor, țăranii, de cotele obligatorii care le înghit aproape toată recolta. Un raport al Securității – datat 12 august 1950 – nu lasă nici un dubiu în această privință. „Muncitorii din întreprinderile Capitalei – se arată aici – sunt frământați și nemulțumiți în legătură cu o serie de probleme, în special de ordin economic. În primul rând se observă frământări în legătură cu salariile și scumpetea de pe piață, comentându-se că salariile sunt prea mici față de costul traiului." Același raport menționează „nemulțumirile care au avut loc în rândul țărănimii muncitoare în legătură cu cotele de colectare", recunoscând și faptul că „dușmanul de clasă a reușit în oarecare măsură să influențeze țărănimea muncitoare care la un moment dat șovăia în ceea ce privește intrarea în colectiv..."[1]

S-au petrecut numeroase acțiuni de protest, trecute sub tăcere de regim și devenite astfel, într-un fel, „inexistente": greve ale muncitorilor și, mai cu seamă, răscoale țărănești, unele de amploare, precum cele din vara anului 1949, extinse în județele Arad, Oradea, Satu Mare și Suceava, pentru înăbușirea cărora au fost trimise trupe ale Ministerului de Interne.

Un raport al Securității, din ianuarie 1959, făcea bilanțul unui deceniu și jumătate, însumând nu mai puțin de 1.196 de „organizații și grupări contrarevoluționare/subversive" care ar fi fost anihilate în perioada 1944–1959 (cele mai multe începând din 1948).[2]

---

1. *Documente Gheorghiu-Dej*, pp. 261–266.
2. *Raport final*, p. 678.

Fenomenul de rezistență cu adevărat spectaculos a fost lupta armată din munți, imprimată în memoria colectivă ca o adevărată mitologie. Zeci de grupuri înarmate au acționat în toate regiunile țării, și cu deosebire în zona muntoasă, de-a lungul întregului lanț carpatic. Confruntările cele mai intense cu forțele regimului se petrec în anii 1948–1950, grupuri răzlețe continuându-și însă rezistența până spre 1960. Numărul luptătorilor cu arma în mână nu a fost prea mare; un grup de rezistență era alcătuit adesea din câteva persoane, rareori din câteva zeci. Au fost însă sprijiniți de o parte din populația satelor din zonele respective, ceea ce dă până la urmă imaginea unei răzvrătiri deloc marginale, cu legături puternice mai ales în mediile țărănești.[3]

Ostilitatea față de comunism a fost în tot cazul mai răspândită decât ar arăta-o manifestările efective îndreptate împotriva regimului. Nici autoritățile nu erau atât de absurde încât să lovească în atâția oameni fără să aibă vreun motiv. Închisorile și lagărele de muncă n-au fost umplute chiar la întâmplare. Acuzația curentă de „uneltire împotriva ordinii sociale“ depășea de regulă măsura, întrucât asimila delictul de

3. Vezi ampla teză de doctorat, încă nepublicată, a lui Dorin Dobrincu, *Rezistența armată anticomunistă din România (1944–începutul anilor '60)*, Iași, 2006.

opinie și pur și simplu „libertatea conștiinței“ cu o tentativă efectivă de răsturnare a regimului, însă fapt este că majoritatea celor căzuți sub tăișul represiunii comuniste întrețineau, în cercul lor, mai restrâns sau mai larg, o atmosferă de ostilitate față de regim. Socotindu-i, pur și simplu, „nevinovați“, le-am aduce o jignire. Au fost efectiv „vinovați“ de anticomunism, iar regimul, în logica lui, avea „dreptul“, și chiar obligația, să-i reprime.

Din toate acestea, adunate, nu s-a putut cristaliza însă o rezistență națională. Atitudinile și acțiunile anticomuniste nu s-au legat, n-au condus până la urmă nicăieri, de aceea, cu timpul și privind mai de departe, au putut fi considerate – pe nedrept – ca aproape inexistente. Nu s-a atins în România masa critică, așa cum s-a întâmplat în Ungaria și Polonia. Revoluția din Ungaria a avut totuși un impact în societatea românească. Un freamăt s-a simțit în întreaga țară, în special în universități, printre studenți. Dar lucrurile s-au oprit aici, departe de a se constitui într-o mișcare de amploare și cu țintă precisă.

De ce un asemenea blocaj? S-ar putea spune că societatea românească și-a respectat astfel lunga ei tradiție de pasivitate, de acceptare fatalistă a întorsăturilor istoriei. Strategia românului (supus, de-a lungul timpului, atâtor năvăliri și stăpâniri) este să stea cu capul plecat, așteptând să treacă furtuna (după principiul, atât de limpede enunțat de Miron Costin, că „nu sunt vremile sub cârma omului, ci bietul om sub vremi“). E drept, din când în când, însă la intervale mari, societatea românească explodează, dar asta tocmai fiindcă nu se petrece pe parcurs o reglare, tensiunile acumulându-se până la ultima limită. Descărcarea, incredibil de violentă, din decembrie 1989 a fost rezultatul inexistenței unor răbufniri parțiale, de-a lungul deceniilor de comunism, care ar fi presupus însă o opinie publică responsabilă și activă, o Putere cât de cât receptivă și o cultură a negocierii și compromisului, adică exact ce a lipsit în România. Mai este și faptul, care nu trebuie ocultat, că în România comunistă nu întâlnim doar adversari ai comunismului (așa cum ar rezulta din unele interpretări „anticomuniste“ cam rudimentare). Departe de așa ceva! Au fost, probabil, chiar mai numeroși cei care au câștigat sau au avut impresia că au de câștigat de pe urma comunismului. Fractura socială și culturală și-a spus în consecință cuvântul. Și, în sfârșit, altă particularitate importantă: n-au existat în Partidul Comunist Român grupuri sau personalități reformiste – autentic reformiste –, precum în Ungaria, Polonia sau Cehoslovacia, sau chiar în Uniunea Sovietică, dacă luăm în considerare

„dezghețul“ hrușciovian (să nu-i socotim reformiști pe activiștii comuniști înlăturați de la putere și ajunși, din varii motive, fără voia lor, într-un soi de „opoziție“, cazul notoriu al lui Ion Iliescu). Cu o societate în prelungită așteptare și cu o Putere imobilă, cam greu să pui lucrurile în mișcare!

VIII

„Comunismul de omenie“

DACĂ ANII ’50 au rămas în memoria colectivă ca o perioadă sumbră („obsedantul deceniu“), anii ’60, dimpotrivă, sunt percepuţi ca perioada cea mai „luminoasă“ a erei comuniste. Acesta e comunismul (cu siguranţă, nu cel din anii ’50 sau de mai târziu, din anii ’80) de care îşi amintesc cu tandreţe şi pe care îl regretă românii „nostalgici“. E drept că s-au schimbat atunci multe în raport cu deceniul anterior, şi totul a părut că merge într-o direcţie favorabilă, fără să se întrevadă blocajul care a urmat în anii ’70 şi cu atât mai puţin dezastrul final al anilor ’80. E şi perioada când s-a produs deplina – sau aproape deplina – legitimare a sistemului. Chiar adversarii săi, care speraseră la început într-o schimbare rapidă, eventual prin „venirea americanilor“, s-au convins că noile realități sociale și structuri politice sunt acum bine așezate și durabile. Soluția nu mai era rezistența, ci adaptarea la sistem; la un sistem care el însuși dădea semne de oarecare „bunăvoință“.

Regimul își îndeplinise practic până la capăt proiectul de restructurare socială. „Clasele exploatatoare“ fuseseră anihilate. Colectivizarea agriculturii, etapa ultimă a socializării complete a economiei, s-a încheiat în 1962, proclamându-se atunci, cu emfază, „victoria definitivă a socialismului la orașe și la sate“. Regimul se simțea puternic, de neclintit. Spre norocul lui, dar și al populației, economia mersese înainte, iar nivelul de trai era sensibil mai ridicat decât în urmă cu zece sau cincisprezece ani. Represiunea, cel puțin în formele ei masive, a luat sfârșit în anul 1964, prin eliberarea ultimilor deținuți politici (1.464 de persoane eliberate în 1962, 2.543 în 1963, 8.675 în 1964).[1] Anul 1964, după cum am văzut, a fost și momentul marii întorsături ideologice și al redefinirii opțiunilor de politică internațională. Recuperarea tradiției și a valorilor culturale românești s-a dovedit decisivă pentru atragerea în sistem a intelectualilor, și cu deosebire a celor din vechea generație. Mulți dintre aceștia se ținuseră dârz, pe poziții anticomuniste, până la începutul anilor '60, și nu

1. *Istoria românilor*, ed. cit., vol. X, p. 637.

puţini trecuseră prin închisori. Acum, abia eliberaţi, îşi puteau deja publica lucrările. Era, desigur, rezultatul unui compromis. Renunţau să spună tot ceea ce gândeau, fiindcă puteau spune măcar o parte. Libertatea, aşa îndiguită cum era, părea un câştig extraordinar faţă de atmosfera de plumb a anilor '50. Iar dreptul de a afirma răspicat credinţa în valorile naţionale apărea, în contrast cu detestabilul antinaţionalism de până mai ieri, ca o preţioasă expresie de libertate (devenită repede, ce e drept, o obligaţie).

Acest curs al lucrurilor a atins apogeul în 1968, anul faimosului discurs al lui Ceauşescu din balconul Comitetului Central, în apărarea Cehoslovaciei, când pe moment impresia a fost că România se angajase ferm pe un nou drum. Cert este că liderul Partidului se simţea acum în măsură să formuleze regulile (şi limitele) noului „contract social". Declara, la 1 octombrie 1968: „Pe măsură ce înaintăm spre desăvârşirea socialismului, pe măsură ce vom trece spre comunism, muncitorii, ţăranii şi intelectualii se apropie tot mai mult, vor deveni tot mai uniţi, formând o forţă unică – societatea fără de clase, indisolubil unită, a României comuniste".[2] Repre-

2. Nicolae Ceauşescu, *România pe drumul desăvârşirii construcţiei socialiste*, vol. III, Editura Politică, Bucureşti, 1969, p. 540.

siunea părea un capitol închis. „Dușmanul de clasă“ și „lupta de clasă“ nu mai erau la ordinea zilei. În locul lor, „unitatea întregului popor“ în jurul Partidului. Oamenilor li se promitea o viață demnă și prosperă. Cu singura condiție de a accepta pe deplin regulile jocului.

În fapt, la momentul respectiv exista un surogat de prosperitate. Exista și un simulacru de libertate. Represiunea aproape încetase, cel puțin în formele sale brutale (și cu excepțiile de rigoare, nu chiar atât de puține). Ca metodă principală, îi luase locul controlul, supravegherea atentă a populației. Regimul nu voia să mai aibă deținuți politici. În loc să-i aresteze din primul moment pe recalcitranți (precum în anii '50), Securitatea începea prin a-i avertiza, apoi, dacă efectul nu era mulțumitor, le înscena un fel de procese („demascări publice“) la locul de muncă. În ultimă instanță rămânea, bineînțeles, și soluția pușcăriei, dar și aceasta, de multe ori, cu folosirea unor etichete false, pentru a ascunde conotațiile politice: deținere ilegală de valută, homosexualitate etc. Fapt este că și oamenii, cei mai mulți, se liniștiseră; față de numeroșii oponenți ai anilor '50, apărea acum, ici și colo, câte un disident, inevitabil izolat, și cu atât mai ușor de ponegrit: cum putea să aibă dreptate, de unul singur, împotriva tuturor? (Poate că, într-adevăr – vorba lui Ceaușescu –, era nebun.)

Ce însușiri va fi avut această societate încât să-i determine pe mulți, pe cei mai mulți, s-o aprecieze sau măcar s-o accepte (iar astăzi, pe unii dintre ei, nu puțini, retrospectiv, să o idealizeze)? Prima ei calitate, deloc neglijabilă, a fost pur și simplu aceea că exista. Se impusese ca o realitate istorică și de viață. Omul – ființă prin excelență adaptabilă – se obișnuiește până la urmă cu orice schimbare. Comunismul mai are în această privință o curioasă particularitate. Într-o lume în care știm prea bine că toate se schimbă fără încetare, i-a făcut până și pe adversarii săi să-i accepte perenitatea. Din comunism nu se mai iese! Într-adevăr, cum să ieși dintr-un sistem perfect și închis, în care nimic nu mai putea acționa independent? Prăbușirea rapidă și în bloc a comunismului a provocat stupoare: nimeni nu o prevăzuse!

Tentația egalitară și mobilitatea socială ascendentă explică în bună măsură atractivitatea formulei comuniste. Cei care au profitat sau au avut cel puțin impresia de a fi profitat de pe urma acestui regim au fost cu siguranță mai numeroși decât cei care au suferit. Țăranii deplasați de la sat la oraș, deveniți din agricultori muncitori industriali, au avut sentimentul justificat al unei promovări. Tipul de muncă, condițiile de locuit, viața citadină... ca să nu mai vorbim de valorizarea simbolică a muncitorului în comunism, totul îi plasa mai sus decât locul de unde plecaseră. Și apoi, tot din rândul celor cu origine muncitorească sau țărănească s-a ridicat noua elită a țării: activiști, securiști, militari... și o bună parte din noua intelectualitate. Ce-ar fi avut oamenii aceștia să reproșeze comunismului? Faptul că stricase viețile altora?

Chiar cei mai înainte persecutați de regim au ajuns să respire, cât de cât, într-o atmosferă care, față de pușcărie, părea totuși a fi o formă de libertate (libertate, evident, sub supraveghere; persoanele care călcaseră cândva „strâmb“ s-au aflat tot timpul sub o minuțioasă observație). În genere, contrastul dintre anii '60 și deceniul anterior a creat un fel de iluzie optică: nu era bine în mod absolut, dar era incomparabil mai bine decât fusese cu doar câțiva ani în urmă.

Până și intelectualii – cei mai mulți dintre ei – s-au mulțumit într-un fel cu modesta libertate câștigată sau dăruită. Prin comparație cu teroarea anilor '50 părea a fi chiar o libertate aproape autentică. Ceaușescu însuși a încurajat – teoretic cel puțin – critica „constructivă“, adică o critică îndreptată spre greșelile și abuzurile comise, nu de el în orice caz, și fără să fie pusă în discuție esența însăși a sistemului. În această privință, calul de bătaie avea să devină „obsedantul deceniu“: anii '50. Tonul l-a dat însuși liderul Partidului, tot în acel an atât de special, 1968, când a declanșat, prin reabilitarea lui Lucrețiu Pătrășcanu (condamnat la moarte și executat în 1954), demolarea postumă a lui Gheorghiu-Dej. Dădea astfel satisfacție unei părți din opinia publică și își consolida propria statură de conducător respectuos al dreptății și legalității. Oamenii se puteau defula acum pe seama epocii Dej, ceea ce îi îndepărta de la critica prezentului (problema acută a societății românești nemaifiind în fond crimele lui Gheorghiu-Dej, ci aberațiile lui Ceaușescu!). A fost tema favorită a mai multor scriitori, în cărți de răsunet, culminând cu romanul lui Marin Preda, din 1980, *Cel mai iubit dintre pământeni*. Desigur, și critica trecutului, a unui trecut în fond foarte apropiat, era ținută sub control: nu trebuia să „degenereze“ în condamnare a regimului și nici nu trebuia să fie înțeleasă ca o aluzie la stări de lucruri ale prezentului. Era o linie, dincolo de care nu se putea trece, pe care unii scriitori încercau să o împingă cât mai departe, iar cenzorii să o țină la locul ei. Acest joc al scriitorului cu Puterea e numit astăzi „rezistență prin cultură“. Dacă vrem să-i spunem rezistență, a fost o rezistență echivocă, care presupunea cititul printre rânduri și descifrarea de parabole, departe în tot cazul de un atac explicit împotriva sistemului. Se putea înțelege mai curând ca o pledoarie pentru un comunism „cu față umană“

decât ca un proiect de demolare a comunismului. Ceaușescu însuși prinsese ideea, lansând expresia „comunism de omenie“. E de subliniat faptul că *toate* aceste cărți au fost publicate, trecând printr-o cenzură care nu era totuși atât de naivă. A fost o „supapă“ autorizată, parte a unei strategii care urmărea să dea iluzia libertății, ținând însă în același timp lucrurile sub cel mai strict control. E de reținut că, spre deosebire de majoritatea celorlalte țări comuniste (începând cu Uniunea Sovietică), nu a existat în România o literatură subterană, clandestină, fenomenul numit „samizdat“. Scriitorii au fost până la urmă piesă a sistemului, cu un rol-cheie în dialogul (atât cât era) dintre Putere și societate. Chiar și cei mai îndrăzneți au jucat, cu voie sau fără voie, un rol util: mimarea libertății. Funcția socială recunoscută le-a adus de altfel și destule avantaje, atât de ordin material, cât și simbolic. Astăzi, când prea puțini îi mai citesc, nu le rămâne decât să viseze la gloria de odinioară.

O formă mai autentică de rezistență e ceea ce aș numi „evadarea prin cultură“. Sunt intelectuali care își amenajează „insule“ de libertate, cât mai departe de raza de acțiune a ideologiei oficiale. Nu atacă frontal regimul, dar refuză compromisul, așa că sunt ținuți la margine, iar impactul lor social e inevitabil limitat; îi vom vedea în prim-plan după 1989, ușor de recunoscut prin completa și fireasca lor detașare de schemele de gândire comuniste.

De remarcat e faptul că al „doilea“ comunism românesc a tolerat o anume diversitate culturală. Acceptând, la limită, și cu admonestările de rigoare, chiar atitudini de „neutralitate“ sau de detașare. Nu însă și „rătăciri“ ideologice de natură să decredibilizeze sistemul.

Oricum, de pe la mijlocul anilor '60 viața devenise acceptabilă pentru mai toată lumea. Și existența cotidiană căpătase un plus de culoare și de diversitate. Magazinele erau pline, și cu marfă destul de variată, chiar cu ceva produse „imperialiste“ (câte o sticlă de whisky, de pildă). În sălile de cinema, se împuținaseră, până la dispariție, filmele sovietice și se puteau viziona destule producții occidentale, americane de preferință (evident, cenzurate pe ici, pe colo). Televiziunea oferea, la rându-i, seriale britanice sau americane, pe lângă apreciate emisiuni autohtone de varietăți sau rubrici culturale precum *Teleenciclopedia*. La nivelul maxim al „bunăstării“, atins prin anii '70, un număr crescând de români au devenit proprietari de apartamente (și astăzi, grație lui Ceaușescu, România e țara din Uniunea Europeană cu cei mai mulți proprietari de locuințe și, implicit, cu cei mai puțini chiriași) sau ai unui automobil Dacia. Mai mult nu se putea în condițiile abolirii proprietății private.

Apreciată era și stabilitatea, siguranța locului de muncă, siguranța vieții (exceptându-i, firește, pe cei care intrau în conflict cu autoritățile). Nu exista șomaj, cariera fiecăruia era în principiu asigurată. Poate „prea asigurată“. Lipsea fermentul libertății, dar asta nu-i deranja pe cei mai mulți.

Mai e ceva foarte important. În comunism, oamenii nu trăiesc doar în sistem, ci, în bună măsură, și în afara sistemului. În anii ’50 era mai greu, dar acum, de regulă, autoritățile închideau ochii. Oamenii își completau astfel avantajele sau suplineau unele dintre dezavantajele sistemului.

În primul rând, nicăieri nu e mai simplu – și mai tentant – să furi decât în comunism. Proprietatea fiind a tuturor, adică nu se știe prea bine a cui, cei care o administrează, dar și simplii slujbași se înfruptă din ea în mod firesc. Rezultatul: o scurgere de bunuri de proporții impresionante. În felul acesta, nivelul de trai se mai ridica cu câteva procente, chiar cu multe procente, în cazul unora.

Cu privire la această circulație subterană, cred că e util să depun propria-mi mărturie. Ca lector la Facultatea de Istorie a Universității din București, am participat între anii 1977 și 1989 la numeroase „comisii de grad“ (să fi fost vreo 200 în total). Alcătuite din câte doi universitari (președintele fiind profesor sau conferențiar), plus inspectorul de specialitate din județul respectiv, rolul lor era acela de a efectua inspecția la ore și de a valida lucrarea alcătuită de profesorul din învățământul preuniversitar, în vederea obținerii gradului I (cel mai înalt în cariera didactică). Comisiile se deplasau, firește, în întreaga țară (nouă, celor din București, ne revenea jumătatea de sud a teritoriului). La sfârșitul inspecției, candidatul se alegea, în aproape toate cazurile, cu nota cea mai mare, iar Comisia cu o cantitate apreciabilă de produse, în genere alimentare. Profesorii titulari, președinți de comisii, aveau în această privință o strategie bine pusă la punct. Ajungeau să participe la vreo 30 de asemenea inspecții pe an, alese cu grijă, în așa fel încât să acopere toate formele de relief și zonele naturale, mai puțin pentru a admira frumusețile patriei în varietatea lor, cât pentru a-și asigura o aprovizionare cu produse cât mai variate. Mai ales în anii '80, când magazinele începuseră să se golească, aprovizionarea prin inspecțiile de grad devenise aproape vitală. La ce cantități am ajunge socotind toate școlile și toate facultățile din țară? Presupun că lucrurile nu stăteau altfel, cu siguranță că stăteau chiar mai bine, sau mai rău (cum vrem să vedem lucrurile), atunci când se deplasau în țară activiști de partid, responsabili din ministere și din alte instituții ale statului... Interesant e că nimeni, din câte știu, n-a fost arestat sau măcar anchetat pentru așa ceva. Nici Securitatea, care le știa pe toate, n-a avut nimic de zis asupra acestui subiect.

Cu timpul, o economie informală, paralelă, ajunge să „dubleze“ economia oficială, controlată – nu chiar atât de riguros! – de statul comunist. Bunuri aduse din străinătate sau primite tot de acolo, „la pachet“, ca și o întreagă varietate de produse „dijmuite“ de la stat, alimentează o piață „liberă“, organizată pe principiul primitiv al trocului sau folosind ca monedă de schimb legendarul „cartuș de țigări Kent“.[3] Aplicând principiul „voi vă faceți că ne plătiți, noi ne facem că muncim“, oamenii nu se mai epuizează la locul de muncă, economisindu-și energia pentru a se descurca altminteri, în fel și chip (precum profesorul care câștigă mai mult din meditații – nedeclarate și neimpozitate – decât din salariu, sau medicul, plătit mediocru de stat, dar întreținut generos de pacienți). Și ne putem imagina cât au adunat securiștii și alți privilegiați ai statului: „acumulare primitivă“ de capital care le-a dat posibilitatea să fie în rândul întâi la marea împărțeală de după 1989.

---

3. Despre economia „paralelă“, studiul sociologic al lui Liviu Chelcea și Puiu Lățea, *România profundă în comunism. Dileme identitare, istorie locală și economie secundară la Sântana*, Nemira, București, 2000.

Altă zonă deficitară în comunism a fost, tot timpul, aceea a informației. Și aici se putea trece ușor într-o realitate paralelă față de cea a comunismului oficial. Românii interesați se informau fără dificultate din surse externe, în principal grație posturilor de radio, Europa Liberă, mai întâi, apoi Vocea Americii și altele asemenea. În anii '50 fuseseră bruiate, de-abia le puteai auzi. Acum erau „la liber". Și, în principiu, nimeni nu risca să fie sancționat pentru acest gen de abatere.

Ce să mai spunem despre bancurile politice? Genul a proliferat în toate țările comuniste, ca o necesară supapă ideologică. E greu de spus dacă în România circulația lor a fost mai intensă; funcția lor socială a fost probabil mai mare ca în alte părți, în măsura în care nu exista un discurs alternativ cât de cât conturat; rolul unui asemenea discurs a fost preluat de bancuri, în maniera, de altfel tipic românească, de a face haz de necaz. Se auzeau în toate mediile, chiar în cele apropiate Puterii, iar oamenii, când se întâlneau, își comunicau mai întâi ultimele anecdote. Autorul unui studiu bine informat privitor la circulația bancurilor în țările comuniste[4] acordă premiul cel mare, într-o selec-

4. Ben Lewis, *Hammer and Tickle. The History of Communism Told Through Communist Jokes*, Phoenix, London, 2008.

ţie personală, unui banc românesc din anii '80 (deceniul frigului cumplit din apartamente): „Întrebare: ce este mai rece decât apa rece? Răspuns: apa caldă.“ Bancurile ajung să-l privească explicit pe Ceauşescu („La Radio Erevan, un ascultător întreabă: Se moare de cancer la gât? Răspundem: da, se moare, dar nu are“), ca şi pe Elena Ceauşescu („Ce vrăji a mai făcut savanta?“, prin analogie cu simpatica vrăjitoare Samantha, eroina unui apreciat serial de televiziune). „Rezistenţa prin bancuri“ a fost mai radicală şi a cuprins o mai mare parte a populaţiei decât „rezistenţa prin cultură“. S-ar zice că a fost, în vremea lui Ceauşescu, principala formă de rezistenţă a românilor. Amuzant, desigur, dar cam derizoriu...

Şi chestiunea religioasă românii au rezolvat-o uşor. Dacă regimul era ateu, să-i fie de bine! Majoritatea oamenilor, inclusiv printre cei ataşaţi regimului, nu înţelegeau să renunţe la practica religioasă, destul de sumară, de altfel, pentru cei mai mulţi, limitată la episoadele esenţiale: botezul, căsătoria, înmormântarea... Până şi activiştii de partid se conformau în această privinţă ritualului tradiţional, păstrând, pe cât posibil, discreţia. Ceauşescu însuşi, ateu, incontestabil, mai mult chiar, dărâmător de biserici, şi-a înmormântat părinţii cu alai bisericesc.

Orwell constata, în societățile totalitare, amploarea fenomenului, de-a dreptul schizofrenic, al „dublei gândiri". Mai mult chiar decât „dublă gândire", a fost, pe toate planurile, o „dublă existență". Oamenii au trăit în comunism, însă au reușit totodată să evadeze și în afara comunismului. Adesea, luau în râs sistemul, dar nici nu erau pregătiți să se debaraseze de el. O desăvârșită confuzie socială, generatoare, inevitabil, și de confuzie intelectuală.

Așa a arătat comunismul sub lumina lui cea mai bună, sau cea mai puțin rea. Poate să vă și placă, mai ales dacă nu țineți în mod deosebit la gustul libertății și nici la reguli coerente, asumate și respectate. Oricum, nu vă temeți și nici nu vă faceți iluzii: nu se mai întoarce!

IX

Stalinism, sau ceaușism?

SE CONSIDERĂ ÎN GENERE CĂ, spre deosebire de Uniunea Sovietică și de ceilalți sateliți ai săi, în România nu s-a petrecut un proces de destalinizare. De altfel, tocmai pentru a evita efectele unui asemenea dezgheț, Gheorghiu-Dej a ales calea independenței și a afirmării ideologiei naționale: naționalism, în loc de libertate. Vladimir Tismăneanu a găsit o formulă pentru a caracteriza acest gen de imobilism: *stalinism for all seasons*, în variantă românească „stalinism pentru eternitate“.[1] Să nu ne închipuim totuși că cei care au ieșit din stalinism au ajuns mult mai departe: peste tot deschiderea ideologică a fost

1. Vladimir Tismăneanu, *Stalinism pentru eternitate*, ed. cit.

stopată (căderea lui Hrușciov în 1964, înăbușirea Primăverii de la Praga câțiva ani mai târziu, starea de asediu din Polonia...); mai rigid sau mai „înțelegător", regimul tot totalitar a rămas. Pe de altă parte, nici în România, să-i zicem „stalinistă" în continuare, lucrurile n-au rămas complet înghețate. De fapt, în materie de comunism – de comunism real, nu de fantasmagorii utopice – alegerea e strict între Stalin și Lenin, între modelul stalinist și cel leninist. Stalin înseamnă conducerea concentrată într-o singură persoană, cu cultul corespunzător al personalității. Lenin înseamnă conducerea colegială, cu alte cuvinte a câtorva persoane. Unul sau câțiva: mai departe „democrația" comunistă nu a mers (principiul, cu tărie afirmat, al „centralismului democratic" reunea doi termeni care nu se legau defel: cu cât centralismul e mai accentuat – iar în comunism atinge cote maxime –, cu atât democrația participativă e anulată sau rămâne strict formală). Decât unul singur, într-adevăr, mai bine câțiva. Totuși, derizorie alternativă.

Gheorghiu-Dej practicase o formă oarecum moderată de cult al personalității, păstrând câte ceva și din stilul conducerii colegiale. În schimbările de direcție ale ultimilor ani s-a sprijinit îndeosebi pe Ion Gheorghe Maurer, președintele Consiliului de Miniștri. Ceaușescu a preluat noul curs așa cum îl lăsase predecesorul său; a manipulat apoi istoria recentă pentru a-i face pe oameni să creadă că totul a început odată cu el, adică din 1965. În fapt, și „independența", și deschiderea în politica externă, și recuperarea națională fuseseră opera sfârșitului de domnie a lui Gheorghiu-Dej. Ceaușescu doar a preluat moștenirea, rămânând de văzut ce avea să facă cu ea.

Stalinist, Ceaușescu? Dacă vrem, îi putem spune și așa. De ce să nu vorbim însă mai curând de *ceaușism*, la fel cum în cazul lui Stalin ne referim la stalinism...? Conducerea de unul singur și cultul exacerbat al personalității îl apropie de Stalin. Deși „de unul singur" nu e chiar expresia cea mai potrivită. Singur era Stalin, într-adevăr, teribil de singur. Ceaușescu conduce împreună cu familia, inaugurând astfel un fenomen necunoscut regimurilor comuniste europene, dar apropiat de varianta asiatică, nord-coreeană, și anume *comunismul dinastic*. Pe care, mai puțin misogin decât coreenii, care mergeau strict pe transmiterea puterii de la tată la fiu, l-a aplicat mai întâi în favoarea propriei soții, Elena Ceaușescu, care și-a însușit treptat o parte considerabilă a puterii.

Metoda caracteristică guvernării lui Stalin a fost *teroarea*. Ar fi însă exagerat de spus că românii ar fi trăit în „epoca Ceaușescu" sub teroare. Față de teroarea efectivă a anilor '50, relaxarea a fost sensibilă. Mai puţin terorizaţi, românii au fost însă, încă şi mai temeinic, urmăriţi. Armata de securişti, ajutată de o armată de informatori, controla practic orice mişcare, sau cel puţin dădea impresia că nimic nu se mai află în afara controlului.[2] Măsuri drastice se luau însă doar în cazurile considerate grave, de natură să aducă atingere sistemului. În caz extrem se putea întâmpla ceea ce s-a şi întâmplat în decembrie 1989: s-a tras în oameni fără cruţare.

Iniţial, după moartea lui Gheorghiu-Dej, principalele funcţii de conducere s-au împărţit. Ceauşescu a devenit secretar general al Partidului, Chivu Stoica, un apropiat al lui Gheorghiu-Dej, din vechea gardă a muncitorilor ceferişti, preşedinte al Consiliului de Stat (echivalentul preşedintelui Republicii), în timp ce Ion Gheorghe Maurer a continuat să conducă guvernul. Se decisese ca nimeni să nu mai ocupe concomitent funcţii de partid şi de stat. Interdicţia asta a rezistat doar doi ani, până în 1967, când Ceauşescu, îndepărtându-l pe Chivu Stoica, şi-a asumat şi demnitatea de preşedinte al Consiliului de Stat. Apoi, pas cu pas, dintr-un *primus inter pares*, a devenit singur stăpânitor, punându-şi

---

2. Despre invazia Securităţii în spaţiul privat, cartea exemplară a lui Gabriel Liiceanu, *Dragul meu turnător*, Humanitas, Bucureşti, 2013.

oamenii devotați în toate posturile-cheie. Maurer a rezistat până în 1974, când s-a retras și el din poziția de președinte al Consiliului de Miniștri (luându-i locul Manea Mănescu, un simplu executant al dispozițiilor lui Ceaușescu). Tot în 1974, Ceaușescu a abandonat titulatura mai puțin impresionantă de „președinte al Consiliului de Stat", proclamându-se președinte al Republicii Socialiste România (țara devenise, în 1965, din „populară", „socialistă"). S-a arătat atunci cu un sceptru în mână, prilej de glume, mai ales în urma unei telegrame de felicitare expediate de Salvador Dalí, care, ca artist suprarealist, apreciase cum se cuvine episodul. Și tot atunci începe să devină vizibilă, și foarte repede obsedant de vizibilă, Elena Ceaușescu. Ideea fixă a acestei semianalfabete (nu e o insultă, ci doar constatarea nivelului ei intelectual real) a fost aceea de a fi recunoscută drept mare savant, și nu numai în țară, ci în întreaga lume. A obținut, nu se știe cum (sau se știe cum), un titlu de doctor în chimie, iar în 1970 a devenit director general al Institutului Central de Chimie. În 1974 (un an bun pentru familia Ceaușescu) e aleasă membru al Academiei Române. Numeroase lucrări, se pare că destul de reușite, îi poartă semnătura (cu siguranță, nu mai mult decât semnătura). Numele îi apărea invariabil prins în sintagma: „academician doctor inginer

Elena Ceaușescu“, cu specificarea „savant de renume mondial“, formulare modificată apoi, greu de spus din ce motive, în „savant de largă recunoaștere internațională“. Într-un dicționar de *Personalități românești ale științelor naturii și tehnicii*, apărut în 1982, e pusă mult deasupra oricărui om de știință român; șase pagini sunt consacrate excepționalei chimiste față de maximum două și jumătate în cazul altor figuri științifice de prim rang. La fel de repede a urcat treptele și în politică: membră a Comitetului Politic Executiv al Partidului Comunist Român, din 1973, viceprim-ministru al guvernului în 1980, președinte al Consiliului Național pentru Știință și Tehnologie, și așa mai departe. Era, în țară, „numărul doi“ („numărul unu“ continuând totuși să fie soțul ei). Chiar în termeni oficiali se vorbea despre cele două centre de putere: „cabinetul 1“ și „cabinetul 2“. Ceilalți oameni politici – de fapt simpli activiști de partid – deveniseră invizibili; de regulă, numele nici nu le mai erau pomenite. Până și Partidul apărea ca o anexă a celor doi; istoria Partidului (cândva dominată de ceferiștii lui Gheorghiu-Dej) ajunsese acum să se confunde cu biografia lui Ceaușescu, care s-ar fi aflat încă din adolescență în fruntea luptelor revoluționare.

Locul 3 în ierarhia comunistă a României îi era destinat lui Nicu Ceaușescu, fiul cuplului.

Căderea comunismului i-a întrerupt ascensiunea (ajunsese până la rangul de membru supleant al Comitetului Politic Executiv). Nimeni nu-i punea la îndoială calitatea, fie și neoficială, de „prinț moștenitor“. În ultimii ani, apărea tot mai des, la diverse ocazii, alături de cei doi stăpâni ai țării. Socotit „băiat de viață“, mulți români ajunseseră să-și pună speranțele în el, ca exponent virtual al unui comunism mai decontractat. Tristă fundătură, dacă asta rămăsese singura soluție!

Să nu-l uităm nici pe Ilie Ceaușescu, unul dintre frații dictatorului. Și el avea competențe multilaterale, cum se și cuvenea într-o asemenea familie și în patria „societății socialiste multilateral dezvoltate“. Pe de o parte, ajuns general-locotenent, răspundea de controlul politic al armatei; era însă în egală măsură și istoric, în care calitate aspira, asistat și de unii specialiști mai puțin scrupuloși, să dea tonul în noua versiune a trecutului, marca Ceaușescu.

E o diferență între Stalin și Ceaușescu, chiar din perspectiva ortodox-comunistă. Stalin e rezultatul concentrării maxime a puterii în sânul Partidului. Ca și Ceaușescu. Dar, în cazul celui din urmă, ce caută familia? Asta ieșea în afara regulilor și practicilor comuniste. Să-ți aduci soția în fruntea treburilor publice și să lași țara moștenire fiului? S-ar fi putut întâmpla așa ceva și în altă țară (europeană, cel puțin), în afara României? Probabil că nu; cert este că nu s-a petrecut. Ieșea încă o dată la iveală „primitivismul“ structurilor sociale și al mentalităților românești. Ceaușescu n-a fost o simplă întâmplare nefericită. Dacă românii l-au avut e fiindcă l-au meritat (nu toți, firește, și nu neapărat fiecare în parte, dar societatea românească, definită ca organism global). Ascensiunea lui a fost și rămâne un simptom îngrijorător, de care e bine ca românii să fie conștienți, pentru a nu se trezi din nou în situații similare. România a fost (și încă mai este) în prea mică măsură o societate bazată pe instituții și pe reguli. Insuficiența acestora lasă un gol structural în care se pot petrece devieri de tot felul. Lipsită de pârghiile necesare și de cultura corespunzătoare, societatea nu reacționează în chip adecvat și în timp util; doar explodează, din când în când. Așa se face că, după ce țara a fost confiscată de Partidul Comunist, Partidul însuși a ajuns să fie confiscat de un om și de o familie.

X

Femeia: emancipată și asuprită

FILOZOFIE EGALIZATOARE, comunismul nu putea rata emanciparea (deplină) a femeii, înscrisă de la bun început în proiectul său. Discriminată și asuprită de societatea și de familia burgheză, femeia avea să devină întru totul egala bărbatului, în noua societate.

Până la urmă, nu a fost chiar așa. Mai întâi, „eliberarea“ femeii s-a petrecut în condițiile limitării drastice a tuturor libertăților; cum s-ar spune, în loc să devină liberă precum bărbatul, a devenit la fel de puțin liberă ca și acesta (nici închisorile de femei n-au șomat în anii ’50). Pe de altă parte, normele vieții patriarhale, transmise generație după generație, n-au fost îngropate odată cu comunismul; ele au continuat să apese asupra jumătății feminine a societății românești.

Desigur, în raport cu bărbații, femeile porneau cu un handicap, în ceea ce privește educația și integrarea în viața activă. Să nu se creadă însă că ar fi pornit de la zero. La 1930, 69,2% dintre bărbați erau știutori de carte, și numai 45,5% dintre femei; în mediul urban, diferența era mai mică: bărbații, 84,5%; femeile, 70,3%; la sate era foarte accentuată: bărbații, 64,9%; femeile, 38,7%. La gimnazii și licee ajungeau însă un număr aproape egal de băieți și de fete; numărul bărbaților care aveau instrucție secundară era de 367.727, iar al femeilor de 337.381. Diferența creștea din nou în universități: doar 26.179 de femei cu pregătire de nivel superior, față de 106.828 de bărbați.[1] Femeile reprezentau ceva mai puțin de un sfert din populația activă a țării: 1.323.351, față de 4.492.793 de bărbați.[2] Cele mai multe lucrau în agricultură: 772.531 (față de 2.872.804 de bărbați), dar le întâlnim în multe alte sectoare de activitate: muncitoare, funcționare, infirmiere, profesoare. În zona intelectuală, profesoarele erau cele mai numeroase, dar strict în învățământul secundar (foarte puține în universități), la liceele de fete: 42.968 de femei față de 44.243 de

1. „Populația României“, în *Enciclopedia României*, ed. cit., vol. I, pp. 143–146.

2. *Recensământul general*..., ed. cit., vol. VII, pp. X–XVII.

bărbați. Principala ramură industrială majoritar feminină era industria textilă: 13.846 de femei, față de 11.218 de bărbați. Femei în fruntea instituțiilor nu prea erau (exceptând școlile de fete).

Sub toate aceste aspecte, rezultatele epocii comuniste sunt incontestabile.[3] În mod clar în sistemul educațional, unde s-a petrecut o egalizare practic deplină; la toate nivelurile de învățământ, fetele au ajuns să fie aproape în același număr cu băieții: în 1989, 49,8% în licee și 48,1% în universități. Pe „piața muncii“, egalizarea a fost parțială, dar, oricum, cu procente în creștere accentuată: la sfârșitul perioadei, femeile alcătuiau circa 40% din populația activă, cu o prezență chiar în domenii care, prin natura lor, păreau a fi destinate exclusiv bărbaților. Astfel, în anii ’50, „femeia tractorist“ a devenit o figură simbolică a egalității în muncă, și chiar o realitate, grație celor 435 de femei care (în 1956) se remarcau în această inedită postură. Ingineria, de asemenea (promovarea profesională supremă!), a atras un număr crescând de tinere. Doar câteva îndeletniciri au rămas închise, ultime redute rezervate exclusiv bărbaților, nu

---

3. Datele care urmează sunt preluate de la Luciana M. Jinga: *Gen și reprezentare în România comunistă, 1944–1989. Femeile în cadrul Partidului Comunist Român*, Polirom, Iași, 2015.

întotdeauna din motive foarte clare. Dacă avem „femeia tractorist“, lipsește însă complet „femeia marinar“! Primele două femei judecător au fost numite în 1945; un deceniu mai târziu, erau deja 500; justiția se feminizează în procent de 35%. Printre medici, femeile devin majoritare, la fel și în învățământ (nu însă și în învățământul superior, unde bărbații sunt mai numeroși și ocupă în principal posturile de profesori titulari).

Tabelul e, cum se vede, nuanțat. Femeile au o pregătire echivalentă cu a bărbaților, sunt însă mai puține decât aceștia în „câmpul muncii“, iar disproporția se accentuează atunci când luăm în considerare funcțiile de conducere. În 1977, femeile ocupă 11% din funcțiile politice de conducere, 13,8% din cele economice, vârful reprezentându-l conducerea cooperativelor agricole, cu 27,6%, și instituțiile de învățământ, cultură, asistență medicală, cu 38,4%.

Nu trebuie uitat un lucru: și înainte de comunism, femeia avansa treptat, iar spre sfârșitul perioadei interbelice procesul de emancipare se intensificase. La 1989, „egalizarea“ și promovarea femeii nu se prezentau mai bine în România decât în ansamblul țărilor europene, fie comuniste, fie capitaliste. Sigur, comunismul le-a făcut pe toate acestea, altminteri cine să le facă? Dar nu era nevoie de comunism pentru a se ajunge aici. Așa a mers civilizația modernă, ducându-i cu ea și pe unii, și pe alții.

La nivel decizional, România a rămas totuși o țară a bărbaților. Prima femeie ministru a fost Florica Bagdasar, numită în 1946 la Ministerul Sănătății. Ana Pauker, aflată deja la vârful conducerii de partid, a devenit ministru de externe, în 1947 – până în 1952, când a fost exclusă din toate funcțiile. Dar Ana Pauker nu e propriu-zis o femeie, e pur și simplu... Ana Pauker. Apoi, prezența feminină la vârful Partidului și în guvern se rarefiază, până aproape de dispariție. Cotitura se petrece începând din 1973, când Elena Ceaușescu ajunge în Comitetul Politic Executiv, trăgând-o după ea, ca să nu fie suspect de singură, și pe Lina Ciobanu (care ocupă puțin mai târziu și poziția de ministru al industriei ușoare). În anii următori, femeile aveau să se înmulțească atât în Comitetul Central al Partidului, cât și în diversele guverne (rămânând, firește, tot minoritare). E greu de spus dacă avem de-a face în toate acestea și cu un proces autentic de promovare, sau doar cu un alibi pentru înălțarea Elenei Ceaușescu, care trebuia văzută ca femeie excepțională, printre alte femei remarcabile, și nu strict ca soție a unui bărbat excepțional.

O femeie pe deplin egală cu bărbatul era firesc să poată dispune asupra propriului corp.

Nu mai putea fi, ca în societățile tradiționale, o simplă producătoare de copii. Urmând exemplul sovietic din 1955, România (ca și celelalte țări din sistem) a liberalizat, în 1957, avortul. De acum înainte, nu numai că întreruperea de sarcină se putea practica la cerere, fără nici o restricție, dar era și neînchipuit de ieftină (30 de lei, de raportat la un salariu mediu care urcă în perioada respectivă spre 1.000 de lei). A devenit astfel în România principalul mijloc contraceptiv. În aceste condiții, avea să cadă ca un trăsnet decizia din toamna anului 1966 de interzicere aproape totală a întreruperilor de sarcină (exceptate fiind femeile trecute de 40 de ani și cele cu cel puțin patru copii). Încă o ilustrare a modului cum regimul comunist înțelegea să treacă dintr-o extremă în alta, fără să-i pese câtuși de puțin de oameni. Nu sănătatea femeilor primejduită de avorturile repetate era preocuparea decidenților, ci „necesitatea" creșterii populației, pentru nevoile crescânde ale economiei și pentru a se înfăptui o Românie cât mai mare și cât mai puternică. În loc să se stimuleze natalitatea prin mijloace de susținere a familiei, oamenii erau amenințați cu codul penal. Și totul, fără nici un fel de pregătire și, în ceea ce privește majoritatea populației, în lipsa celei mai elementare culturi contraceptive. Chiar printre țările comuniste, România a fost singura care a procedat astfel.[4] Rezultatul, pe termen scurt, s-a dovedit spectaculos, efect al surprizei; de unde se afla la coada Europei, cu un indice de fertilitate (numărul mediu de copii la o femeie) de 1,9 în 1966 (doar Ungaria stând ceva mai rău), România sare brusc la 3,66 în anul următor, un rezultat într-adevăr de invidiat. Doar că asemenea măsuri n-au niciodată efect prelungit. Oamenii s-au adaptat și au găsit mijloace, inclusiv nenumărate avorturi ilegale, pentru a se opune legislației represive. În consecință, curba demografică a pornit iar în jos: de la 3,66 rată a fertilității în 1966 la 2,44 în 1973; noi restricții și măsuri represive au mai stimulat creșterea, dar incomparabil mai puțin decât în 1966–1967. S-a coborât până la 2,06 în 1983; din nou, măsuri suplimentare și iar o ușoară creștere în ultimii ani ai regimului. Rezultatul global a fost până la urmă mediocru și, în plus, cu oscilații deranjante de ritm demografic. Dar suferința cea mare a fost a femeilor: mai multe mii au pierit din pricina avorturilor improvizate; multe, aflate între viață și moarte, erau deja

---

4. Asupra acestui subiect, vezi Gail Kligman, *Politica duplicității: controlul reproducerii în România lui Ceaușescu*, Humanitas, București, 1998, și Corina Doboș (coordonator), Luciana M. Jinga și Florin S. Soare, *Politica pronatalistă a regimului Ceaușescu. O perspectivă comparativă*, Polirom, Iași, 2010.

supuse interogatoriilor... Și, peste toate, o teribilă umilință... Ani de zile, o bătălie surdă s-a purtat între milioane de români și regimul comunist. A fost, s-ar putea zice, cea mai amplă mișcare de rezistență pe care a cunoscut-o epoca comunistă: de data asta oamenii își apărau spațiul privat, ultimul lor refugiu... O bună parte din ura care s-a revărsat asupra lui Ceaușescu în decembrie 1989 a fost consecința necruțătoarei și stupidei lui politici nataliste.

Emancipată de comunism, proclamată întru totul egala bărbatului, femeia a ajuns să muncească cot la cot cu acesta. Legată însă în continuare și de tradiționala cultură românească, a rămas și cu partea considerabilă de muncă ce-i revenea în familie, „la cratiță", cum se spune. Iar peste toate, regimul Ceaușescu i-a impus și misiunea „patriotică" de producătoare de copii în serie. Proiectul de emancipare s-a transformat astfel într-un triplu sistem de exploatare.[5]

---

5. „Tripla exploatare" a femeii e remarcată de Claudia-Florentina Dobre: „Introducere" la *Prezentul comunismului: memorie culturală și abordări istoriografice* (ed. Claudia-Florentina Dobre și Valeriu Antonovici), Editura Ratio et Revelatio, Oradea, 2016, p. 18.

XI

De la „primăvara“ praghează la „toamna“ românească

SPERANȚA ERA CĂ LIBERTATEA RELATIVĂ obținută spre mijlocul anilor ’60 se va extinde treptat până va ajunge să semene cu o libertate autentică. S-a petrecut însă fenomenul invers; vreme de un sfert de veac, românii n-au încetat să piardă din ceea ce abia dobândiseră.

Când s-a petrecut schimbarea de tendință? Primii ani ai „epocii Ceaușescu“ păreau a înainta în direcția cea bună, spre destindere intelectuală și socială. De regulă, istoricii comunismului au tras linia despărțitoare la 1971, anul „tezelor din iulie“ și al „micii revoluții culturale“. Alții mai lasă să treacă câțiva ani, până la 1974, când se manifestă pe deplin conducerea autoritară și cultul personalității lui Ceaușescu. În fapt, procesul de erodare a „libertăților“ s-a desfășurat constant, și în ritm aproape egal, așa că împărțirea pe etape e oarecum artificială. Primele semne explicite de „înăsprire" sunt anterioare anului 1974 și chiar „tezelor" din iulie 1971. Ele datează din 1968 și sunt răspunsul regimului comunist din România la speranțele trezite de „Primăvara de la Praga".

În 1968, Ceaușescu s-a erijat în campion al independenței naționale, condamnând vehement intervenția sovietică (și a altor țări din Pactul de la Varșovia), pentru a pune capăt procesului de democratizare care părea să amenințe însăși existența regimului comunist. În fapt, Ceaușescu nu gândea defel în termenii „Primăverii de la Praga"; din acest punct de vedere era cu siguranță mai aproape de Brejnev decât de Dubček. Supărarea lui privea strict „amestecul în treburile interne" și încălcarea suveranității unui stat sub pretext de „solidaritate internațională"; se temea că România, ea însăși ieșită de pe drumul „drept" prin politica de independență promovată, ar putea fi următoarea victimă. Așa că aparenta solidarizare cu „Primăvara de la Praga" nu a condus – contrar speranțelor – spre un plus de libertate, ci, dimpotrivă, spre stoparea procesului de liberalizare, tocmai pentru a evita un scenariu de tip cehoslovac.

De altfel, cât de limitată fusese această „liberalizare" și cât de puțin se modificaseră reflexele autoritare ale conducerii comuniste o dovedește nenorocita legislație „antiavort", care s-a abătut asupra românilor, chiar în perioada de vârf a „relaxării", spre sfârșitul anului 1966. Partidul și Securitatea n-au slăbit controlul nici un moment; „relaxarea" fusese o concesie, pe care puteau oricând să o retragă.

La numai două luni după fulminantul discurs în care condamnase agresiunea împotriva Cehoslovaciei rebele, Ceaușescu se adresa studenților, cu ocazia deschiderii anului universitar, într-o manieră de-a dreptul amenințătoare, avertizându-i că nimeni nu are dreptul să se opună regimului existent: „Oare ar mai putea cineva să gândească că în România ar fi posibil să se găsească forțe sociale în stare să pună în pericol orânduirea noastră socialistă? Eu cred că nu. Fără îndoială, tovarăși, că nici un muncitor, nici un țăran cooperatist, nici un lucrător din stațiunile de mașini și tractoare sau din întreprinderile agricole de stat, nici un intelectual din institutele noastre de cercetări, din școli sau din institutele de învățământ nu ar admite cuiva să pună în discuție trăinicia și forța socialismului în România. Sigur, nebuni se mai pot găsi și se vor găsi întotdeauna. Dar pentru nebuni societatea noastră socialistă dispune de mijloacele necesare, inclusiv de cămașă de forță".[1] Să

1. Nicolae Ceaușescu, *România pe drumul desăvârșirii construcției socialiste*, vol. III, p. 542.

gândești altfel față de cum te învăța Partidul însemna, nici mai mult, nici mai puțin, decât că ți-ai pierdut mințile.

Nu e de mirare că un „colind“ al studenților bucureșteni din noaptea de Crăciun a anului 1968 – manifestare aproape anodină față de ce se întâmpla atunci la Praga – a stârnit o reacție disproporționată a autorităților, impresionate de îndemnurile la libertate care s-au făcut auzite și de unele incidente minore. S-a procedat la arestări, la convocarea studenților pentru a fi „prelucrați“, la schimbări în redacțiile publicațiilor studențești... Ion Iliescu, viitorul mare reformist, pe atunci prim-secretar al Uniunii Tineretului Comunist și ministru al tineretului, a înfierat cum se cuvenea această „manifestare huliganică, anarhică“, denunțând carențele existente în educația ideologică a tinerilor: „Cu organizarea colindelor, este lipsă de înțelegere, de formație ideologică a studenților. Cultivăm tradiții ale poporului, dar de ce în ajunul Crăciunului? Cât ar zice că i-am dat condiție laică, cu urări studențești, ea rămâne totuși manifestare desfășurată în cadrul sărbătorilor religioase de către niște oameni, intelectuali, cu anumite pretenții, formație, instrucție. Noi vrem să înlăturăm unele reminiscențe în manifestarea oamenilor și studenții devin promotori ale lor“.[2]

---

2. *Documente Nicolae Ceaușescu*, p. 439.

Grija pentru educația corespunzătoare a tineretului avea să se manifeste și prin campanii de stradă, fiind molestați cei care își permiteau să se înfățișeze puțin „altfel": tineri cu barbă sau cu plete, tinere cu rochii prea scurte... sau prea lungi (mineriada din 1990 avea să reactualizeze această manieră, cam sumară, de identificare și de intimidare a celor care, odată ce arătau „altfel", însemna că și gândeau altfel). Mai târziu, în anii '80, până și mustața devenise suspectă, în orice caz neconvenabilă. Îmi amintesc că am fost invitat atunci la televiziune, pentru a spune câteva vorbe despre Comisia internațională de istoriografie. „Aveți mustață?", m-a întrebat persoana care îmi telefonase. Am răspuns că nu. „Foarte bine, fiindcă, dacă aveați, trebuia să o radeți, nu se poate cu mustață la televizor." Evident, nu se putea nici cu barbă, dar nimeni nu și-a închipuit că aș putea fi atât de „deviant" încât să port o asemenea monstruozitate. Decanul uneia dintre facultăți tocmai își „lepădase" barba ca preț al menținerii în funcție.

O preocupare obsesivă a regimului au ajuns să fie și călătoriile peste hotare, „semiliberalizate" în primii ani după 1964. Nu erau agreate contactele cu lumea occidentală și mai ales rămânerile – numeroase – în străinătate care, pe lângă pierderea unor specialiști (inclusiv a unor persoane cu funcții importante), șifonau efectiv imaginea regimului. Un document – clasificat „strict secret" – din 1969, înregistra o creștere constantă a „rămânerilor": în 1967, din 43.676 de persoane care au călătorit în țările capitaliste, nu se mai întorseseră 186, adică 0,4%; în 1968, din 65.067, numărul „rămașilor" se ridicase la 644, respectiv 0,9%; în primul trimestru al anului 1969, din 8.657, rămăseseră deja 239, procentul crescând astfel la 2,5% (în total au rămas până la urmă, în 1969, 1.393 de persoane, mai mult decât dublu față de anul precedent).[3] Se impunea restrângerea vizelor de călătorie. Indicația dată în acest caz de Ceaușescu era clară: „Sunt partizanul – spunea el – unor reduceri substanțiale a plecărilor în străinătate în Vest, chiar și pentru activiști." Iar cei cărora li se permitea totuși să plece trebuiau cunoscuți mai bine (ce fel de oameni sunt) și „prelucrați" în mod corespunzător, făcuți să înțeleagă – explica tot Ceaușescu – „că nivelul de dezvoltare în care se găsesc aceste țări este așa de ridicat datorită unei perioade îndelungate a exploatării coloniilor... Este adevărat că acolo capătă un salariu mai mare, dar aceasta... datorită faptului că zeci de ani au jefuit colonii și chiar și România au jefuit-o".[4] Un argument, într-adevăr,

---

3. *Ibidem*, pp. 523 și 551.
4. *Ibidem*, p. 539.

de natură să oprească expatrierile! În februarie 1970, s-a procedat la „îmbunătățirea reglementărilor privind regimul pașapoartelor".[5] „Îmbunătățirea" însemna că „întreaga activitate de pașapoarte va fi condusă și îndrumată de Consiliul Securității Statului". „Toate pașapoartele aflate la ministere, organizații centrale, întreprinderi, instituții sau la posesori vor fi preluate și păstrate în mod centralizat de către Consiliul Securității Statului... Regimul actual de acordare a vizelor pe termen lung sau nelimitat se desființează, urmând ca viza de ieșire din țară să se acorde pentru fiecare plecare în parte... Consiliul Securității Statului va lua măsuri pentru verificarea temeinică a cetățenilor care solicită pașaport sau viză de ieșire din țară... Cetățenii români care au rămas în străinătate să fie trimiși în judecată și pedepsiți potrivit legilor în vigoare." Curat „îmbunătățire"! De acum și până la sfârșitul comunismului, an de an s-a ieșit tot mai greu din România.

Cam în același timp, conducerea Partidului hotăra „să se interzică orice legături ale cetățenilor români cu postul de radio Europa Liberă; relațiile cu acest post să fie considerate drept activitate dușmănoasă împotriva statului român"; se solicita Consiliului de Miniștri „să

---

5. *Ibidem*, pp. 582–584.

elaboreze o hotărâre care să prevadă că cetățenii pot acorda interviuri în afara granițelor țării numai cu aprobarea organelor competente române".[6]

Bătălia ideologică atingea punctul cel mai sensibil al regimului comunist. Uniformizarea intelectuală și morală a societății era însă un obiectiv mai greu de atins decât uniformizarea economiei și a condițiilor de trai. Tinerii și intelectualii, mai ales, nu erau ușor de strunit. Mare fierbere, la vârful Partidului, provocată de apariția, neautorizată, a unor cluburi, în care elevi, studenți, uneori și tineri din mediul muncitoresc se întruneau pentru a asculta muzică de factură occidentală. Noroc că autoritățile au intervenit la timp. Altminteri, ele „ar fi putut evolua spre manifestări cu conținut politic sau de descompunere morală". Câteva măsuri propuse: „Cadrele didactice care au organizat asemenea «cluburi» să fie excluse din partid și scoase din învățământ... Elevii și studenții care au participat la activitatea «cluburilor» respective să fie criticați în organizațiile de tineret, în asociațiile tinerești sau în organizațiile de partid din care fac parte și să fie sancționați pe linie de organizație și pe linie școlară, fără a fi însă eliminați de la cursuri. În cazul în care

---

6. *Ibidem*, p. 558.

unii dintre aceştia au poziţii politice necorespunzătoare, sancţiunile să fie mai drastice".[7] Totul, pentru a se evita „descompunerea morală"!

Partidul înţelege să pună ordine în viaţa culturală şi artistică. Filmul *Reconstituirea* al lui Lucian Pintilie (1969) produsese un val de emoţie; anecdota, care scotea în relief comportamentul brutal al miliţiei, putea fi uşor înţeleasă ca o punere în discuţie a întregului sistem. La 10 februarie 1970, secretariatul Comitetului Central al Partidului, cu Ceauşescu în frunte, se lansează într-o interminabilă dezbatere în jurul respectivului eveniment cinematografic, ceea ce dovedeşte că lovitura fusese într-adevăr resimţită. Iată-l şi pe Ion Iliescu, exponent, zice-se, al tendinţelor „liberale" din Partid, care cere „să existe un control riguros de la început până la sfârşit, de la concepţia însăşi asupra filmului, de la concepţia politică a regizorului, şi să se dea la realizat numai filme care prezintă toate garanţiile din punct de vedere politic şi ideologic". Şi mai spune Iliescu, indignat de pretenţia oamenilor din cinematografie de a se pricepe mai bine la treaba lor decât activiştii de partid: „Eu am discutat cu Pintilie, regizorul filmului Reconstituirea. Toţi sunt nişte tipi

---

7. *Ibidem*, pp. 590–591.

lipsiți de orice receptivitate la orice observație critică, sunt niște oameni înfumurați, desconsideră orice critică și privesc cu desconsiderare capacitatea unor activiști politici de a-și da cu părerea asupra a ceea ce înseamnă activitatea în cinematografie." În cele din urmă, decizia lui Ceaușescu a fost ca filmul să rămână totuși „pe piață, atâta timp cât vin spectatori", „dar între timp să luăm măsuri ca să facem numai filme care să corespundă. Să atacăm și probleme serioase, de critică a fenomenelor negative din societatea noastră, din activitatea organelor noastre. Să nu ne fie teamă să atacăm aceste fenomene, dar să le atacăm real, nu cu prostii, cu îndobitocirea tineretului, care nu corespunde realității".[8]

Spre nemulțumirea regimului, Lucian Pintilie avea să continue cu „prostiile" și cu „îndobitocirea", punând în scenă, în 1972, piesa *Revizorul* a lui Gogol. De data asta, după primele reprezentații, spectacolul a fost suspendat, prea semănau unele scene cu ceea ce nu se cădea să semene!

Și cercetarea științifică – în domeniile cele mai delicate – a fost supusă unui proces de disciplinare, prin înființarea, în 1970, a Academiei de Științe Sociale și Politice. Institutele de pro-

8. *Ibidem*, pp. 559–571.

fil ale Academiei Republicii Socialiste România (istorie, filozofie, sociologie, economie, literatură...) trec acum în subordinea noii Academii, considerată mai sigură din punct de vedere ideologic, în componența ei profesioniștii autentici pierzându-se printre mai influenții activiști politici cu pretenții științifice (categorie căreia îi aparținea și Miron Constantinescu, primul președinte al noii instituții).[9]

Ajungem astfel, în 1971, la faimoasele „teze din iulie", considerate, cum spuneam, de mai mulți istorici ca marcând sfârșitul perioadei de „liberalizare". De fapt, 1971 nu face decât să exprime mai apăsat rigiditatea ideologică manifestată în repetate rânduri și în anii precedenți. Se cereau acum o vigilență sporită și infuzarea spiritului de partid în toate domeniile. Spre exemplificare: „Legarea creației literar-artistice de realitățile construcției socialismului, creșterea rolului educativ al literaturii și artei, responsabilitatea sporită a creatorului pentru conținutul operei sale. Stimularea creației inspirate din

---

9. Despre Academia de Științe Sociale și Politice, vezi Cosmin Popa, „Moștenirea otrăvită a «clanului Ceaușescu» sau știința slujește politica", în *Sinteza*, decembrie 2015, pp. 93–99. Cu privire la primul președinte al acestei instituții: Ștefan Bosomitu, *Miron Constantinescu: O biografie*, Humanitas, București, 2015.

viața poporului, din lupta pentru făurirea noii orânduiri, participarea activă a intelectualității, fără deosebire de naționalitate, la înfăptuirea marilor obiective ale partidului" (și, implicit, „respingerea hotărâtă a producțiilor impregnate de spiritul concepțiilor moralei burgheze").[10]

Îngrădirile de acest fel aveau să se țină lanț până la prăbușirea regimului comunist. Nu s-a mai putut totuși reveni la înghețul masiv al anilor '50.[11] Viața intelectuală a „epocii Ceaușescu" a fost mai diversificată și mai sofisticată decât și-ar fi dorit-o liderul Partidului. Între intelectuali și activiștii de partid puși să-i îndrume și să-i controleze s-a angajat o partidă subtilă, conducând în genere la soluții de compromis. E neplăcut astăzi să constatăm cât de mult au cedat intelectualii; pe de altă parte însă, nici regimul nu și-a putut aplica până la capăt proiectul ideologic. Dacă, în ansamblu, cultura n-a fost rezistentă, ea n-a redevenit nici uniform

---

10. *Documente Nicolae Ceaușescu*, pp. 638–648.

11. Cu privire la evoluția raportului cultură–politică în perioada comunistă, vezi cele trei volume succesive ale lui Cristian Vasile: *Literatura și artele în România comunistă, 1948–1953*, Humanitas, București, 2010; *Politicile culturale comuniste în timpul regimului Gheorghiu-Dej*, Humanitas, București, 2011; *Viața intelectuală și artistică în primul deceniu al regimului Ceaușescu, 1965–1974*, Humanitas, București, 2014.

militant comunistă. Chiar necombătând comunismul, intelectualii autentici nu mai țin același tip de discurs ca oamenii partidului, și asta deosebește până și ultimii ani, cei mai negri și mai restrictivi, ai regimului Ceaușescu de lugubra atmosferă stalinistă a anilor '50.

XII

Superindustrializare, sau subdezvoltare?

ECONOMIA COMUNISTĂ este aproape un mister. Potrivit cifrelor, ar fi crescut mult mai repede decât economia capitalistă. Pentru ca, la sfârșit, trăgând linie, să se constate că întârzierea țărilor care au trecut prin comunism față de țările dezvoltate din Occident a rămas la fel de mare ca înainte, dacă n-a devenit cumva și mai mare!

Țară a tuturor recordurilor, România a aliniat în vremea lui Ceaușescu procente ale ritmului anual de creștere industrială de 12–13%, peste ritmul celorlalte țări comuniste și mult (de câteva ori) peste ritmurile occidentale. Se vorbea în anii '70, în întreaga lume, cu uimire, despre „miracolul japonez". Imediat, s-a înscris și România în competiție, cu un așa-zis „miracol românesc".

Unele cifre sunt într-adevăr impresionante (admițând că ne aflăm în fața unor calcule corecte). În termeni valorici, producția industrială ar fi fost, în 1989, de 65 de ori mai mare decât în 1938 (rămâne totuși chestiunea metodei de calcul, întrucât sunt greu de comparat prețuri din perioade atât de diferite). Oricum, energia electrică sporise în intervalul menționat de la 1,13 miliarde kwh la 75,85 miliarde; cărbunele extras, de la 2,82 milioane tone la 66,46 milioane; producția de oțel, de la 0,28 milioane tone la 14,41; cimentul, de la 0,58 milioane tone la 13,26; iar numărul autoturismelor, de la zero la 144.000...[1]

Problema este că toate aceste performanțe corespundeau unei industrializări de sfârșit de secol XIX, și nu de sfârșit de secol XX. Erau în întârziere cu o sută de ani. Ideologie tipică de secol XIX, comunismul a mizat pe genul de industrie din vremea lui Marx și a lui Lenin: oțel, ciment, mașini-unelte..., industrie grea, cât mai grea. În timp ce economia occidentală trecea printr-un proces de „dematerializare“, înclinând treptat balanța spre zona serviciilor. Statisticile comuniste sunt oricum suspecte, „aranjarea“ lor fiind ilustrată printr-un caz extrem petrecut în 1989, ultimul an al regimului comunist. S-a

1. Bogdan Murgescu, *op. cit.*, p. 341.

raportat atunci o producție agricolă de 60 milioane de tone. Refăcându-se calculul, după căderea comunismului, rezultatul obținut a fost de 16 milioane de tone, de patru ori mai puțin! Dar, chiar adevărate să fie ritmurile afișate, pentru o comparație corectă trebuie avut în vedere ansamblul produsului național, nu doar producția industrială, atât de dragă comunismului. „Producând" fără încetare, economia comunistă abia de s-a interesat de servicii și de infrastructură (rețele de transport, comunicații...). Ca să nu mai spunem că și producția a fost abuziv dezechilibrată, prin lipsa flagrantă de interes pentru consumul populației. Sunt de pus în balanță și costurile mari de producție, consumul ridicat de energie, productivitatea scăzută a muncii, ca și slaba competitivitate, cel puțin pe piața occidentală, a produselor de export. A apăsat asupra rentabilității și nepotrivirea dintre nemăsuratele ambiții industriale ale regimului și fondul limitat de resurse energetice și de materii prime de care dispunea țara. Impunătoare în termeni statistici, producția costa mult și aducea câștiguri modeste.

Una peste alta, un fapt rămâne incontestabil: comunismul a industrializat România. N-a industrializat-o însă în spiritul unei industrii eficiente și competitive. Obsedat de ideea „independenței", Ceaușescu a visat la o economie națională care să depindă cât mai puțin de alții. Și asta într-o lume a specializărilor, tot mai interdependentă, în care nici marile economii nu-și mai permiteau să le producă pe toate. Ceaușescu nu voia însă să rateze nici o ramură industrială (România a ajuns să fabrice până și avioane de linie), ceea ce, în loc să stimuleze economia, a sfârșit prin a o sufoca. Asta, în timp ce neglijarea bunurilor de consum a lovit în calitatea vieții oamenilor, care nu se puteau hrăni cu oțel și cu ciment.

Rezultatul? Iată-l: în cifre și procente privitoare la anul 1989, calculate după căderea comunismului.[2] În ceea ce privește nivelul dezvoltării economico-sociale, reperul fiind Olanda, aflată pe primul loc și marcată cu indicele 100, din 24 de țări europene luate în considerare, România, cu nivelul 21,1, se plasa pe locul al 23-lea, în urma ei, pe ultimul loc, aflându-se Albania (nivelul Poloniei, pe locul 22, fiind apreciat la 36,6). Tot locul 23 îl ocupa și la produsul național brut (Ungaria – 18, Iugoslavia – 19, Bulgaria – 20, Polonia – 21, U.R.S.S. – 22, Albania – 24). Automobile, la 1.000 de locuitori: România – 50; U.R.S.S. – 45; Polonia – 119; Bulgaria – 138;

2. Constantin Grigorescu (coordonator), *Nivelul dezvoltării economico-sociale a României în context european, 1989*, Editura Expert, București, 1993.

Cehoslovacia – 143; Ungaria – 202... Germania – 420. Televizoare la 1.000 de locuitori: România – 191; Ungaria – 409; Cehoslovacia – 410; Germania – 566. Studenți la 10.000 de locuitori: România – 71 (ultimul loc în Europa); Albania – 81; Ungaria – 119; Cehoslovacia – 134; Polonia – 145; Germania – 274; Franța – 283. Mortalitate infantilă: România – 26,9‰; doar Albania stătea mai rău, cu 30,8‰, țările avansate aflându-se toate sub 10‰. Speranța de viață: România – 71 de ani (ultimul loc în Europa, alături de U.R.S.S.). Condițiile sociale se dovedesc chiar mai proaste decât nivelul economic, așa încât indicatorul sintetic al dezvoltării umane plasează România pe ultimul loc în Europa, după Albania. Superindustrializata Românie semăna de minune cu o țară subdezvoltată din Lumea a Treia. De remarcat că și procentul de urbanizare, rezultat al unui proces aparent spectaculos, așază România tot în urma celorlalți. În 1987, mediul urban al țării cuprindea 51,5% din populație, în timp ce, în 1986, Bulgaria înregistra 65,5% populație urbană, Ungaria 58,9%, Cehoslovacia 74,3%.[3] România a ieșit din comunism ca țara europeană cu cel

---

3. Arhivele Naționale ale României, fond Comitetul Central al Partidului Comunist Român, Cancelarie, 113/1988 (în continuare: ANR, CCPCR, C).

mai ridicat procent de populație rurală, și așa a rămas până astăzi.

Sigur, și România de dinainte de comunism se afla tot la coada clasamentelor europene. Comunismul promisese însă să urce țara pe culmi de prosperitate. Or, comparativ cu ceilalți, rezultatul era zero (dacă nu de-a dreptul cu minus). O jumătate de secol de eforturi, de chin, de sacrificii: pentru nimic!

XIII

„Dacă demolăm tot Bucureștiul, va fi frumos"

COMUNISMUL A ÎNSEMNAT UN PROCES accelerat de industrializare și urbanizare. În consecință, aspectul orașelor s-a modificat, piesa principală a peisajului urban devenind blocul de locuințe, multiplicat la nesfârșit, în nenumărate cartiere. De altfel, în întreaga lume modernă, o parte din populație s-a înghesuit în asemenea imobile. Doar că nimeni în lumea occidentală n-a pretins că acestea ar fi condițiile ideale de locuit și, cu atât mai puțin, că respectivele cartiere ar fi de o frumusețe răpitoare. Ele corespundeau însă perfect atât modului de viață, cât și esteticii și simbolisticii comuniste. Mici apartamente similare în interior, iar în afară, o înșiruire ordonată și uniformă. Asemenea ansambluri erau mândria regimului: iată ce a reușit comunismul să înfăptuiască!

Nu Ceaușescu a inventat noul peisaj urban. Dar, ca în toate, dacă nu a inventat nimic, a înțeles să ducă totul la desăvârșire. Într-o primă fază, noul urbanism a evitat, de regulă, să afecteze nucleul istoric al orașelor. S-a demolat și s-a construit în special în zonele periferice sau acolo unde vechile construcții erau de mai mică valoare. Cu unele excepții, desigur. Ansamblul „Sălii Palatului“ din București, situat în zona ultracentrală a Capitalei, s-a realizat în jurul anului 1960 (foarte lăudat atunci; în fapt, cu o înfățișare destul de modestă). Orașe precum Piatra-Neamț, Suceava, Pitești s-au „reconstruit“ în bună măsură înainte de Ceaușescu. Odată cu el, procesul s-a intensificat, iar din 1977 s-a generalizat, „schimbarea la față a țării“ devenind marea obsesie a liderului suprem.

Momentul declanșator al demolărilor generalizate a fost cutremurul din 4 martie 1977, care a răvășit numeroase orașe, în primul rând Capitala, și mai ales zona centrală a acesteia. Pe Ceaușescu l-a fulgerat un gând: dacă tot trebuie să reconstruim, atunci să o facem până la capăt. Să așezăm un nou București în locul celui vechi! A spus-o răspicat într-o ședință a Comitetului Politic Executiv al Comitetului Central al

Partidului (din 30 martie 1977): „Să știți că dacă demolăm tot Bucureștiul, va fi frumos".[1] S-a ținut de cuvânt cu demolarea; în ceea ce privește „frumusețea"... după gusturi. Mai întâi de toate trebuia înălțat un nou Centru. În acest scop, alegerea a căzut asupra celei mai pitorești zone din vechiul București, singura cu relief ceva mai accidental (Dealul Arsenalului), presărată cu case tradiționale în cele mai diverse stiluri, cu grădini, biserici și mânăstiri... Au fost rase peste 9.000 de clădiri, pe o suprafață de 450 de hectare. Mai mult chiar, au dispărut și colinele, iregularitățile de relief: totul a fost aplatizat! În mijloc s-a înălțat gigantica Casă a Poporului (astăzi Palatul Parlamentului), cel mai mare palat de pe întreaga planetă, construcție începută în 1984 și încă neterminată pe deplin în momentul prăbușirii regimului. Din fața Palatului pornește Bulevardul, numit pe atunci „Victoria Socialismului", lung de câțiva kilometri și o idee mai lat decât Champs-Elysée, faimosul bulevard parizian. În apropiere, Piața Unirii a fost la rându-i complet demolată și reconstruită (dispărând, printre alte clădiri, și istoricul Spital Brâncovenesc). Jocul demolărilor și al noilor construcții a cuprins și alte părți ale Capitalei,

---

1. A.N.R., C.C.P.C.R., C, 42/1977.

precum strada Ştirbei Vodă, unde s-a ridicat (neterminată până astăzi şi complet abandonată) monumentala clădire a ceea ce ar fi trebuit să fie Muzeul de Istorie Naţională.

Dacă tot se refăcea întreg ţesutul urban, ocazia era ideală şi pentru realizarea altui obiectiv: eliminarea bisericilor din peisaj. 20 de biserici au fost demolate în Bucureşti – cele mai multe dintre ele, pe lângă funcţia lor religioasă, fiind şi monumente istorice – în intervalul 1977–1989. Altele au fost „acoperite" cu blocuri, în aşa fel încât să nu se mai vadă. Iar opt biserici, ameninţate cu demolarea, au fost pur şi simplu „translate", pe zeci sau sute de metri, pentru a fi şi ele ascunse în spatele perdelei de blocuri.[2] Aşa s-a întâmplat cu Biserica Mihai Vodă, aflată în mijlocul mânăstirii ridicate de Mihai Viteazul, devenită sediu al Arhivelor Statului, principalul monument simbolic al vechiului Bucureşti. N-a folosit la nimic nici măcar faptul că Mihai Viteazul era eroul preferat al lui Ceauşescu. Cine-l pusese să construiască biserici şi mânăstiri? (Astăzi, biserica poate fi „descoperită" printre blocuri, la aproape 300 de metri distanţă de amplasamentul originar; mânăstirea, fireşte, a dispărut.)

---

2. Lista bisericilor demolate şi a celor deplasate, în *Istoria românilor*, ed. cit., vol. X, pp. 931–934.

Bucureştiul a dat semnalul unui război total împotriva vechilor alcătuiri urbane. Istoricul Dinu C. Giurescu, care s-a ocupat îndeaproape de această campanie furibundă, apreciază că nu mai puţin de „29 oraşe au fost dărâmate în proporţie de 85–90% şi refăcute cu imobile tip" (câteva înainte de 1977, dar marea majoritate după acest an). În Moldova: Suceava, Botoşani, Iaşi, Roman, Piatra-Neamţ, Bacău, Bârlad, Vaslui, Tecuci, Focşani, Galaţi; în Muntenia: Râmnicu Sărat, Mizil, Buzău, Ploieşti, Piteşti, Slatina, Craiova, Râmnicu-Vâlcea, Giurgiu, Slobozia, Călăraşi; în Dobrogea: Medgidia, Tulcea, Constanţa, Mangalia; în Transilvania: Baia Mare. Alte 37 de oraşe, începând cu Bucureştiul, au fost afectate într-o proporţie ceva mai mică, dar suficient de mare ca să le desfigureze.[3] Nici un oraş nu a scăpat indemn. E cât se poate de clar că idealul lui Ceauşescu era să înlăture complet pecetea trecutului, să construiască o ţară cu înfăţişare exclusiv comunistă. Dacă ar mai fi avut vreo zece ani la dispoziţie, cu siguranţă că nu mai rămânea mare lucru din vechiul Bucureşti.

De la abuzul dărâmării oraşelor, s-a ajuns spre sfârşit la ceea ce părea a fi o autentică manifestare de nebunie: proiectul desfiinţării sate-

3. *Ibidem*, pp. 376 şi 412–413.

lor! În *Scânteia*, ziarul oficial al Partidului, apărea, la 4 martie 1988, extravaganta cuvântare a lui Ceauşescu pe această temă. „Să reducem în mod radical numărul de sate“, spunea el, de la circa 13.000 în prezent, la cel mult 5–6.000, iar satele rămase să se grupeze în jurul unor centre sau oraşe agroindustriale (ar fi fost un număr de 558 în întreaga ţară). Asta însemna, evident, deplasarea locuitorilor, distrugerea vechilor aşezări şi reaşezarea oamenilor în localităţi de tip „semiurban“. Operaţiunea trebuia să se încheie în anul 2000. Urmau să se lichideze astfel deosebirile dintre oraş şi sat, explica Conducătorul, câştigându-se, desigur, şi teren suplimentar pentru agricultură.

Proiectul, din fericire, n-a căpătat decât un început de aplicare, în principal în câteva sate din apropierea Bucureştiului. Ţăranii au ajuns să locuiască într-un soi de blocuri, lipsite, fireşte, de canalizare. Şi-au adus cu ei şi animalele, să pască printre frumoasele construcţii. N-a mai fost din fericire timp pentru implementarea măreţei idei; vor fi determinat o anume ezitare şi protestele internaţionale care au izbucnit de pretutindeni. Nu se protestase atunci când fuseseră distruse oraşele, unul după altul, dar satele, asta părea prea de tot!

Iată câteva documente sugestive privind reacţia britanică la extravagantul plan. O scrisoare a lui Geoffrey Howe, secretar de stat pentru afaceri externe, către omologul său român: „Guvernul britanic nutrește temeri că distrugerea unei jumătăți din satele existente în România și mutarea forțată a locuitorilor acestora, așa cum se are în vedere, vor conduce la violări serioase ale drepturilor fundamentale ale omului. O astfel de acțiune ar constitui o încălcare a articolului 12 al Convenției internaționale cu privire la drepturile civile și politice. În plus, apare probabil că aceste distrugeri vor aduce pagube ireparabile unor aspecte ale moștenirii culturale și arhitecturale pe care le are Europa în comun... Pot să vă asigur că, în cazul în care aceste temeri se vor materializa, reputația internațională a României va avea mult de suferit".[4]

Pe de altă parte, ambasadorul Marii Britanii în România atrăgea atenția că o biserică din Sângeorgiu de Pădure era „amenințată cu distrugerea ca urmare a politicii de sistematizare a guvernului român. Între această biserică și familia regală britanică există o legătură, întrucât contesa Claudine Rhédey, străstrăbunică a Majestății Sale Regina, este îngropată acolo. O altă legătură se referă la aceea că regina Maria,

---

4. ANR, CCPCR, C, 109/1988, f. 40 (12 septembrie 1988).

bunica Majestăţii Sale Regina, a contribuit la restaurarea acelei biserici în 1935".[5]

Ca răspuns, avem o notă a lui Ion Cumpănașu, președintele Departamentului Cultelor. Rezultă că, într-adevăr, un sat al comunei Sângeorgiu de Pădure urma să fie demolat, pentru a face loc unei amenajări hidrotehnice. În ceea ce privește însă biserica reformată invocată de britanici, aici ar fi fost o confuzie. Aceasta nu va fi în nici un fel afectată. Vor fi demolate doar bisericile ortodoxă, catolică și unitariană![6]

Dărâmarea țării și reconstrucția ei potrivit unui plan cu totul diferit nu au fost, așa cum s-ar părea, simplul rod al unei fantezii maladive. Își aveau originea în cea mai pură ideologie, sau mitologie, comunistă. Asta și-a dorit comunismul să fie: o lume nouă sub toate aspectele: o societate nouă, alcătuită din oameni noi, și un mediu înconjurător nou. Cum ar fi arătat o societate comunistă cufundată într-un peisaj care n-ar fi corespuns deloc comunismului? Doar că Ceaușescu, sigur pe sine și excesiv cum era, și cu

---

5. *Ibidem*, f. 39 (16 septembrie 1988). Contesa Rhédey a fost bunica Mariei, prințesă de Teck, devenită regina Mary a Marii Britanii, ca soție a regelui George V, la rândul ei bunică a actualei regine. Prințul Charles s-a referit în mai multe rânduri la străbunica sa transilvană, în contextul relației sale speciale cu Transilvania.

6. *Ibidem*, f. 43 (19 septembrie 1988).

cultura strict limitată la manualul de comunism, a mers mai departe decât alții, fără compromisuri de nici un fel, până în pânzele albe, până și-a frânt gâtul. Încurajat pe deasupra de servilismul celor din jur și de pasivitatea unei întregi națiuni.

XIV

De la Burebista la Ceaușescu: manipularea prin istorie

PE MĂSURĂ CE România lui Ceaușescu se îndepărta, se rupea de trecutul său, istoria era tot mai intens valorizată și pusă la lucru. Nu părea a fi nici o contradicție între actualizarea (forțată) a lui Mihai Viteazul și demolarea mânăstirii Mihai Vodă din București. Epoca ceaușistă a fost și o colosală (și în bună măsură reușită) manipulare prin istorie. Abilitatea propagandiștilor și a istoricilor „de serviciu" a constat în recuperarea efectivă a celei mai mari părți din tradiționalul discurs național, pus însă în slujba regimului și mai exact a liderului suprem.[1]

---

1. Cu privire la deformările comuniste ale istoriei, trimit la cartea mea *Istorie și mit în conștiința românească*, Humanitas, București, 1997 (și numeroase ediții ulterioare).

S-au definit și câteva trăsături fundamentale – și constante – ale istoriei românești. Acestea erau vechimea, unitatea, continuitatea și lupta pentru independență. Românii apăreau ca unul dintre cele mai vechi popoare ale Europei (dacă nu chiar cel mai vechi), cu un teritoriu predestinat, care le-a aparținut din timpuri imemoriale. Ar fi existat astfel dintotdeauna o Românie... în ciuda faptului că în realitate n-a existat, până la 1859, așadar până într-o epocă destul de recentă. Însă statul dac al lui Burebista ce era altceva dacă nu o primă formă a României de astăzi, acoperind perfect toate hotarele actuale (și chiar mai mult decât atât)? Fragmentarea ulterioară a teritoriului e doar aparentă. În urma retragerii stăpânirii romane (sfârșitul secolului al III-lea) ar fi rămas aici – afirmă, fără teamă de ridicol, *Programul* Partidului, publicat în 1974 – nici mai mult, nici mai puțin decât un *stat neorganizat* (constatare care, pe lângă contribuția la istoria românească, aduce un punct de vedere insolit și în materie de teorie politică, statul îndeobște fiind considerat a fi ceva *organizat*). Apoi, odată ce apar principatele medievale, unitatea se manifestă din plin (prin însuși faptul existenței unor țări separate!). Mihai Viteazul devine marele unificator (al unui teritoriu românesc care oricum era destul de unificat). Nu mai e voie să se spună că voievodul ar fi cucerit Transilvania și Moldova; nu le-a cucerit (căci nu poți cuceri ceva ce-ți aparține), le-a „unificat". De altfel, se procedează și la o schimbare de titulatură: Țara Românească ajunge să fie numită Țara Românească a Munteniei, Moldova, Țara Românească a Moldovei, iar Transilvania, ați ghicit, Țara Românească a Transilvaniei. Dar, pentru a pune unitatea cât mai bine în evidență, se recomandă, și ajunge chiar să se impună, renunțarea la luarea în considerare a diviziunilor istorice. România este și a fost una. Se interzice la un moment dat să se mai scrie istorii regionale. Așa că nici ungurilor nu li se poate răspunde cu o lucrare similară, atunci când publică, din perspectiva lor (deloc convenabilă pentru punctul de vedere românesc), o *Istorie a Transilvaniei*. Românii nu mai puteau produce o asemenea istorie, deoarece se ajunsese la concluzia că Transilvania de fapt nu există. Nu exista decât România. „Dar și bulgarii se agită în chestiunea Dobrogei", remarcă cineva la o „consfătuire ideologică". „Ce facem?" „În orice caz, răspunde puțin încurcat unul dintre responsabilii politici ai istoriei, nu vom scoate și noi o *Istorie a Dobrogei*. Poate ceva în genul «Românii din sud-estul țării»."[2] Nici Dobrogea nu mai exista! În sfârșit, lupta pentru independență

2. Amintire personală.

este o constantă; românii au luptat fără încetare, au în ei vocația independenței...

Manipularea e atât de groasă, încât e de mirare că a fost atât de puțin luată în seamă. Cauza principală a receptării favorabile a atâtor abuzuri de interpretare stă în faptul că discursul național e de felul lui seducător, și era cu atât mai seducător în cazul românesc cu cât venea după campania de batjocorire a valorilor naționale din anii '50. S-a tratat un exces prin alt exces. De altfel – nu o voi repeta la nesfârșit –, românii suferă de teribile frustrări. Le face plăcere să audă, măcar din când în când, că sunt un popor vechi, mare și puternic, care a lăsat urme în istoria lumii.

Altminteri, e cât se poate de transparent faptul că proclamarea obsesivă a *unității* conducea direct la imperativul unității întregului popor în jurul Partidului și al Conducătorului. Aceasta ar fi fost – o „dovedea" istoria – o adevărată vocație a românilor, care, în momentele cruciale, au înțeles să gândească toți la fel și să acționeze în aceeași direcție. Cum ar fi putut moldovenii să nu agreeze „unirea" lui Mihai Viteazul? (Deși știm bine că nu au agreat-o.) La fel, independența. Politica de independență națională promovată de Ceaușescu era pur și simplu actualizarea și încununarea unei aspirații permanente, începând cu statul dac și continuând cu principatele medievale...

Marile personalități ale trecutului priveau și ele în direcția liderului suprem. Cu admirație, firește. Au fost puse în scenă și întâlniri, în cadru de epocă fastuos, dacă nu chiar cu eroii autentici, cel puțin cu actori care le interpretau rolul. Toți, laolaltă, îl legitimau pe Ceaușescu, care apărea ca o „sumă“ de regi daci și de voievozi. Paroxismul s-a atins prin comemorarea, în 1980, a 2050 de ani de la constituirea statului dac, „centralizat și independent“ (evident!), sub conducerea lui Burebista. Un eveniment, pur și simplu, fabricat, mai întâi fiindcă e ridicol să comemorezi indiferent ce la 2050 de ani (decent ar fi să aștepți să se împlinească 2500, dar Ceaușescu nu dispunea de atâta timp), iar apoi nici măcar acest bizar interval nu corespundea cu nimic, fiindcă nimeni nu știe de fapt când s-a constituit statul dac sau când a început domnia lui Burebista. Ceaușescu a vrut să fixeze bornele unei istorii mărețe: de la Burebista la el însuși.

Cum se vede, apelul la daci devenea tot mai insistent (comuniștii întâlnindu-se în acest punct cu extrema dreaptă a anilor '30–'40). Față de cuceritorii romani, veniți la un moment dat, dacii reprezentau elementul autohton, factorul de permanență. Un întreg curent în istoriografia românească, cu puternice conexiuni politice (Institutul de Istorie a Partidului, „istoricii“ militari, din jurul lui Ilie Ceaușescu), s-a străduit să-i evacueze pe romani și să-i promoveze cât mai tare pe daci. O minte înfierbântată (printre istoricii de partid) venise chiar cu ideea ca România să-și schimbe numele în Dacia! S-au reactualizat interpretările fantasmagorice ale lui Nicolae Densusianu (*Dacia preistorică*, 1914), potrivit cărora nu românii ar fi fost urmașii romanilor, ci romanii înșiși, ca și alte popoare înrudite, ca de altfel întreaga civilizație a continentului, dacă nu a lumii întregi, ar fi pornit din Dacia.

Recuperarea trecutului avea, firește, limitele ei. În ceea ce privește personalitățile, seria care conducea la Ceaușescu se încheia cu Alexandru-Ioan Cuza. După domnitorul Unirii ar fi urmat regii (Carol I, Ferdinand...), care nu aveau însă ce căuta în panteonul comunist. Nu puteau fi recuperați nici Brătienii, nici liderii ardeleni de la 1918, în frunte cu Iuliu Maniu... Prea nu se asortau cu comunismul. S-a dat la un moment dat și o indicație precisă: portretele personalităților expuse în școli, universități sau în alte instituții trebuiau să se oprească, cronologic, la Cuza. Urma un interval liber, tocmai bun pentru a-l pune în evidență pe cel care i-a depășit pe toți.

Tot în anii aceștia s-a inventat și protocronismul. Ideea era că românii au realizat, în toate domeniile, o mulțime de lucruri, înaintea altora. Departe de a avea o istorie și o cultură întârziate, au fost deschizători de drumuri. E interesant de constatat cât de mult seamănă campania protocronistă românească cu afirmarea, în vremea lui Stalin, a nesfârșitelor priorități rusești și sovietice (când aproape tot ce se gândise și se inventase în lume se considera a fi operă rusească).

Ar fi greșit totuși să ne închipuim că toată lumea cânta exact aceeași arie. Am spus deja că disciplinarea ideologică întreprinsă în epoca Ceaușescu n-a mai putut să întoarcă lucrurile la o formulă de exprimare uniformă. În materie de istorie, distincția s-a precizat între profesioniștii și „activiștii" domeniului. Profesioniștii, care au făcut și ei nu puține concesii, fără să iasă la rândul lor din concepția tradițional-națională despre istorie, fiindcă acesta era fondul istoriografiei românești, au refuzat totuși scenariile aberante susținute de istoricii „politici", precum originea curat dacică a poporului român și a limbii române. Din această pricină a eșuat complet și marele tratat de istorie, plănuit să apară, în zece volume, între 1975 și 1980, pentru a fi pus pe masa Congresului Internațional de Științe Istorice (desfășurat la București, în august

1980), împreună cu o versiune prescurtată, în câteva limbi de circulație. „Tratatul" s-a împotmolit de la bun început, la primul volum, din imposibilitatea de a se ajunge la un acord în problema fundamentală a formării poporului român și a limbii române. Avea să-i țină locul într-un fel, dar pe partea cealaltă a interpretărilor, *Istoria militară a poporului român* (cu ambiții de istorie totală, în versiune militarizată), scoasă de grupul din jurul lui Ilie Ceaușescu (cu atragerea unor profesioniști, dispuși la compromisuri și mai puțin temători că s-ar compromite) și apărută în șase volume, între 1984 și 1989. Invadarea trecutului de către militari ultranaționaliști și purtători de teorii extravagante nu era un semn bun, și nu doar pentru istorie, ci și pentru viitorul României.

XV
O mică mare putere mondială

S-A MAI ÎNTÂMPLAT CEVA EXTRAORDINAR în vremea lui Ceaușescu: România a devenit unul dintre principalii actori ai politicii internaționale. Cu mult deasupra dimensiunilor țării și a importanței ei reale.

Punctul de plecare se află în întorsătura anului 1964. România își proclamă independența și se deschide spre Occident și spre celelalte zone ale lumii, fără să iasă totuși din sistemul țărilor comuniste (organizația economică C.A.E.R., Pactul de la Varșovia). Independența aceasta „relativă“ e afirmată de Ceaușescu în chip spectaculos în august 1968, în momentul dramatic al invadării Cehoslovaciei.

Țara ajunge astfel într-o poziție unică, dobândind o capacitate de negociere fără egal. Dacă s-ar fi desprins complet de Moscova și de sistemul comunist, ar fi fost mai puțin interesantă pentru Occident. Așa cum ajunsese acum, la mijloc de drum între polii de putere, se înfățișa ca un element de legătură prețios în orice negociere. Oriunde apărea o falie în lume, Ceaușescu era prezent și își oferea bunele servicii. Așa s-a situat România, mai întâi între Uniunea Sovietică și China, giganții comuniști învrăjbiți; apoi, firește, între lagărul sovietic și lumea occidentală; și nu mai puțin între Israel și țările arabe, fiind singurul stat din Pactul de la Varșovia care nu a rupt raporturile diplomatice cu Israelul în urma „războiului de șase zile“ din 1967. Ani de zile, România a fost singura țară din lume care se putea mândri că întreține bune raporturi cu absolut toată lumea, ceea ce o plasa în poziția mediatorului ideal (valorificată din plin, de pildă, în negocierile arabo-palestiniene). Pe lângă raporturile tot mai intense cu Occidentul, e de remarcat extinderea prezenței și influenței românești în Lumea a Treia, printre țările sărace, în „curs de dezvoltare“, cărora părea că le oferă un exemplu viabil de dezvoltare economică și de neatârnare politică.

Multă vreme, Occidentul și-a făcut iluzii sau a închis ochii cu bună știință în fața realităților românești; fapt este că desprinderea României de blocul sovietic s-a oprit la jumătate de drum, iar evoluțiile interne ale țării au mers exact în sens invers față de valorile promovate de occidentali. România lui Ceaușescu nu a fost Cehoslovacia lui Dubček. Nu prin exemplul dat de România, în orice caz, avea să se transforme sistemul comunist. Așa se explică faptul că, atunci când n-a mai fost nevoie de el, și în condițiile degradării accentuate a situației interne, occidentalii l-au abandonat pe Ceaușescu la fel de prompt precum îl adoptaseră cu două decenii înainte.

La capitolul „vizite în străinătate“, Ceaușescu a doborât toate recordurile. Dacă, în primii ani după 1965, înțelege să-și împartă acest domeniu cu prim-ministrul Ion Gheorghe Maurer și cu alți responsabili guvernamentali, începând din 1970 monopolizează tot ce înseamnă vizită oficială: uneori singur, în cele mai multe rânduri însoțit de Elena Ceaușescu. S-au succedat astfel, între 1970 și 1989, aproximativ 150 de vizite prezidențiale, fără discriminare, în mai toate țările lumii: comuniste, occidentale sau din Lumea a Treia. Mai-marii lumii l-au tratat cu toată considerația, ca pe unul de-ai lor. Printre „trofeele“ obținute, se numără vizita în România a generalului Charles de Gaulle, în mai 1968 (legendarul om de stat francez căutând să-l împingă pe Ceaușescu pe calea independenței), vizita lui Richard Nixon (prima a unui președinte american în România), în 1969, ca și a președintelui Gerald Ford, în 1975. Ceaușescu însuși și Elena Ceaușescu sunt primiți la Casa Albă de Richard Nixon, în 1973, și de Jimmy Carter, în 1979; principala lovitură de imagine a fost dată însă în 1978, când cuplul prezidențial a fost primit în Marea Britanie de regina Elisabeta II, găzduit la palatul Buckingham și plimbat în caleașca regală!

Multiplele contacte la cel mai înalt nivel au fost de natură să satisfacă vanitatea micului ucenic de cizmar ajuns egalul mai-marilor lumii (ca și pe aceea a semianalfabetei academiciene). Nu puteau să nu impresioneze și pe foarte mulți români, răzbunându-le complexele de țară mică și neînsemnată. În ordinea mai practică a lucrurilor, au avut însă și un deloc neglijabil efect economic, facilitând obținerea de credite și tehnologie din Occident și deschizând, cu deosebire în Lumea a Treia, piețe de aprovizionare și de desfacere.

Ceaușescu lăsa impresia (cel puțin celor ușor de impresionat) că e pe cale de a transforma mica Românie într-un fel de mare putere a lumii.[1] Cu o demografie și o economie în plin

---

1. Lucian Boia, „Destinul mare al unei țări mici", în *Miturile comunismului românesc*, ed. cit., pp. 207–219.

avânt, țara „creștea“, fără încetare. De fapt dintotdeauna – potrivit noilor versiuni istoriografice – românii au jucat un rol de seamă în istoria lumii, atât ca forță politică, cât și ca făuritori de civilizație. Comunismul ceaușist le-a descoperit și o capacitate militară pe măsură, prin lansarea conceptului de „război al întregului popor“, trăsătură permanentă (toate fiind la români permanente și în deplină continuitate) a strategiei de apărare autohtone, de la dacii lui Burebista, trecând prin principatele medievale, până la România comunistă. Armata românească a secolelor XV–XVI ar fi fost de 114.000 de oameni, sau chiar de 120.000 până la 140.000, potrivit *Istoriei militare a poporului român*, care adună date rezultate din calcule obscure, prefăcându-se a nu ști (ce să-i faci: „caracterul unitar“) că nu exista pe atunci o Românie, iar Transilvania, socotită la „forțele românești“, aparținea în realitate Ungariei. Dar rezultatul așa iese: Ungaria (o mare putere regională în epocă), 14.000 de luptători, inexistenta Românie, de zece ori mai mulți, așadar de zece ori mai puternică. Cât despre situația prezentă, în caz de război, după estimările lui Ilie Ceaușescu, România, mobilizând „întregul popor“, ar fi putut alinia o armată cu efective cuprinse între 4.680.000 și 6.254.000 de oameni, mai mult probabil decât americanii sau sovieticii; eventual, doar China ar fi întrecut-o.[2]

Nu visase Cioran la o Românie cu populația Chinei și destinul istoric al Franței? Iată că visul lui începea să se materializeze.

Nimeni n-a spus-o atât de convingător ca Dan Zamfirescu (exemplu tipic de intelectual fascinat de măreția ceaușistă a României): „România a fost, incontestabil, de la «Declarația din aprilie 1964», și până la revoluția din Decembrie 1989, a patra putere politică a lumii, după Israel (statul și etnia universal răspândită), S.U.A. și U.R.S.S.“[3] Odată ce e incontestabil, nici nu mai avem ce discuta. Dacă Israelul este prima putere, de ce n-ar fi și România a patra?

Cum totul în comunismul românesc e paradoxal și contradictoriu, spectaculoasa deschidere internațională de la nivelul de sus s-a reflectat, la nivelul obișnuit al populației, printr-o închidere la fel de accentuată. Oamenii trebuiau feriți de contactul direct cu „ceilalți“, care ar fi

---

2. Ilie Ceaușescu, *Războiul întregului popor pentru apărarea patriei la români. Din cele mai vechi timpuri până în zilele noastre*, Editura Militară, București, 1980; *Istoria militară a poporului român*, vol. II, Editura Militară, București, 1986, pp. 39–41.

3. Dan Zamfirescu, *Războiul împotriva poporului român*, Editura „Roza Vânturilor“, București, 1993, p. 145.

putut conduce la o periculoasă contaminare ideologică. De la un an la altul, condițiile de acordare a vizelor de ieșire din țară se înăspresc, iar persoanele cu „rude în străinătate“ (inclusiv în țările cu regim comunist) sunt privite cu tot mai multă suspiciune și neadmise sau îndepărtate din locurile și funcțiile sensibile. Pentru mulți români, „străinătatea“ apare aidoma unui tărâm mitic, care atrage cu forța de seducție a fructului oprit. Într-o Românie „insularizată“, „ceilalți“ capătă, în bine sau în rău, sau și în bine, și în rău, tot mai accentuate trăsături de alteritate.

XVI
Biserica

COOPERAREA „ARMONIOASĂ“ dintre statul comunist și Biserica Ortodoxă Română exprimă un alt paradox românesc. Desigur, credința religioasă trebuia să dispară cândva în comunism..., dar până acolo mai era cale. Constituțiile succesive (din 1948, 1952 și 1965) garantau libertatea cultelor, însă împiedicau educația religioasă, școala fiind despărțită de Biserică și nici o confesiune neavând dreptul să întrețină alte instituții de învățământ decât cele destinate formării personalului de cult (după cum, evident, nici ore de religie nu se mai făceau în școli). Regimului îi era însă „permis“ să practice o intensă propagandă zisă ateist-științifică (cu rezultate până la urmă modeste, dacă nu chiar inexistente); iar pe Ceaușescu l-am văzut dărâmând bisericile una după alta, anticipând astfel decorul urban laicizat al României comuniste de mâine.

Toate confesiunile, toate Bisericile au avut de pierdut în comunism; li s-au luat proprietățile, școlile, li s-a îngrădit prezența în mijlocul societății. Pierderea absolută a suferit-o Biserica Greco-Catolică, desființată pur și simplu în 1948 și „trecută“ la Biserica Ortodoxă; toți episcopii ei și mare parte dintre preoți, care n-au acceptat să-și lepede confesiunea, au fost întemnițați. Toate cultele au plătit un tribut închisorilor; se consemnează un număr de 1.725 de preoți ortodocși arestați, cifră, evident, impunătoare[1]. Multe mânăstiri ortodoxe au fost desființate; de la 6.420 de călugări și călugărițe în 1959, numărul lor scade la 1.814 în 1966; la 1948, mânăstirile ortodoxe posedau terenuri în suprafață de aproape 16.000 de hectare, în 1962 rămăseseră cu puțin peste 1.800. Preoți ortodocși erau 15.928 în 1948 și numai 9.356 în 1962; în Biserica Romano-Catolică, în același interval, scăderea fusese de la 1.317 la 696.[2]

Totuși, Biserica Ortodoxă a fost de la început ceva mai bine tratată (sau mai puțin rău).

---

1. *Raport final*, p. 272.

2. *Documente Nicolae Ceaușescu*, tabele alcătuite de Departamentul Cultelor în ianuarie 1966, pp. 92–98.

Primise în 1948 un prețios cadou, prin desființarea rivalei sale, Biserica Greco-Catolică. Patriarhul Justinian Marina, care a păstorit vreme îndelungată (din 1947 până în 1977), ajunsese în fruntea Bisericii propulsat tocmai de comuniști, iar bunele sale raporturi cu Gheorghiu-Dej erau de notorietate. A putut astfel să intervină, uneori cu oarecare succes, în apărarea unor preoți arestați. În 1956 a obținut reînființarea a șase seminarii ortodoxe desființate în 1948 (când rămăseseră, pentru pregătirea preoților, doar două Institute Teologice). Un raport al Securității, din ianuarie 1966, semnalează și numărul mare de tipărituri care s-a permis Bisericii Ortodoxe (sau la care autoritățile au închis ochii): „În 1953, Patriarhia ortodoxă a primit aprobare pentru tipărirea calendarului de perete pentru anul 1954 în 300.000 exemplare. S-au tipărit însă 623.320 exemplare, fiind facturate doar 300.000. În 1954 a primit aprobarea pentru anul 1955 pentru 300.000 exemplare, s-au tipărit 687.000, facturându-se numai 300.000... În 1958, «cartea de rugăciuni» pentru episcopia Romanului și alte eparhii s-a tipărit în câte 16-20.000 exemplare, în loc de 10.000 cât avea aprobarea".[3]

3. *Ibidem*, Raport al Securității privind activitatea Departamentului Cultelor, 12 ianuarie 1966, pp. 77–79.

Dacă fiecare cult și-a avut „rezistenții“ săi, toate și-au avut și „colaboraționiștii“. În Biserica Romano-Catolică, în lipsa unui acord cu Vaticanul privind numirea episcopilor, eparhiile de Iași și București au rămas descoperite, fiind conduse decenii de-a rândul de câte un „ordinar substitut“, înlocuitor de episcop, recunoscut de autoritățile române, dar privit cu suspiciune de Vatican. În fruntea arhiepiscopiei de București s-a aflat astfel, între 1962 și 1983, preotul Francisc Augustin, fost deținut politic, dar devenit informator al Securității și ajuns și deputat în Marea Adunare Națională.

Cedările parțiale ale celorlalte culte sunt însă departe de colaborarea masivă la care s-a ajuns între regimul comunist și Biserica Ortodoxă. Să fim bine înțeleși: nu sunt în discuție preoții considerați individual, ci Biserica Ortodoxă ca instituție, reprezentată prin ierarhii săi.

Cum s-a ajuns la o asemenea cooperare nu e greu de înțeles. Mai întâi, fondul problemei: Biserica Ortodoxă a fost, dintotdeauna, prin tradiție, respectuoasă față de orice regim politic; nici n-a avut vreodată mari ambiții de implicare în viața socială, precum catolicii sau protestanții. Cât privește raporturile specifice cu regimul comunist, chiar dacă a pierdut destul, a și câștigat, nu mai puțin. „Înghițirea“ Bisericii Greco-Catolice a fost, pentru ortodoxie, un succes istoric. Departe de a eroda credința oamenilor, sau cel puțin obiceiurile înrădăcinate care implicau intervenția Bisericii (botezul, căsătoria, înmormântarea), comunismul, fără să vrea, desigur, a adus Biserica în poziția de singură alternativă majoră la ideologia oficială. Cert este că Biserica și credința au pierdut mult mai mult teren în permisibilele societăți occidentale decât în regimurile comuniste atee. Iar în România, în mod special, s-a ieșit din comunism cu o credință religioasă neclintită, în marea masă a populației. S-a ieșit și cu o țară mult mai ortodoxă decât fusese înainte de comunism: 72,6% ortodocși în 1930, aproape 90% la sfârșitul perioadei comuniste, diferența explicându-se în mare măsură prin trecerea forțată la ortodoxie a greco-catolicilor – aproape 8% în 1930 – și prin plecarea masivă din România a cetățenilor români de alte etnii și confesiuni: evrei, germani, maghiari... Pentru ortodoxie, un bilanț deloc rău!

Pe de altă parte, pentru responsabilii comuniști, dacă tot n-aveau încotro și trebuiau să tolereze credințele și manifestările religioase, Biserica Ortodoxă era preferabilă celorlalte. Net majoritară, pur românească și fără raporturi suspecte în afara teritoriului național: tot atâtea calități! Catolicii, în majoritate, nu erau etnici români și, peste toate, ascultau și de o putere străină: Vaticanul! Reformații erau maghiari, iar luteranii, germani, și ei cu destule legături în afară. Iar neoprotestanții, cu activismul și prozelitismul lor și cu multiplele lor raporturi în întreaga lume, exasperau pur și simplu autoritățile.

La ce putea servi Biserica Ortodoxă? Mai întâi la stăvilirea „celorlalți". Reprezenta o barieră în calea proliferării cultelor neoprotestante, după cum, în Transilvania, rolul ei era de a nu mai permite reînvierea greco-catolicismului. Pe teme de patriotism, Biserica Ortodoxă și regimul Ceaușescu se înțelegeau destul de bine, promovând în egală măsură un naționalism de factură etnicistă. Și mai era „lupta pentru pace", marota comunismului, slogan fabricat de sovietici în vremea lui Stalin (pentru a-i împinge pe adversarii „imperialiști" în postura neconvenabilă de „ațâțători" la război) și preluat întocmai de Ceaușescu, care se vedea a fi marele campion al păcii în arena mondială. Cum creștinismul, prin esența lui, e o religie a păcii, Biserica era chemată să sprijine sub acest aspect propaganda demagogică a regimului.

Și mai servea la ceva Biserica Ortodoxă, într-un domeniu foarte sensibil pentru regimul comunist: la divizarea și manipularea emigrației românești. Într-adevăr, era greu să convingi de binefacerile comunismului oameni care fugiseră din țară tocmai pentru a scăpa de comunism;

Biserica însă le putea cultiva nostalgiile românești, atrăgându-i în felul acesta spre „patria-mamă“. Într-un raport din 1979 referitor la comunitățile religioase ale emigrației române, se arăta că acestea „au un rol important în direcția atragerii emigrației pe poziții de loialitate față de patrie“. Contribuiau în acest sens și publicațiile lor, care cultivau tradițiile istorice românești, inclusiv prin „materiale destinate combaterii propagandei iredentiste maghiare“.[4] Cu alte cuvinte, Biserica îi îndemna pe românii emigrați să facă abstracție de comunism și să-și aducă aminte că sunt români. 27 de comunități religioase românești risipite în întreaga lume se aflau în 1979 sub jurisdicția Patriarhiei române (6 dintre ele înființate numai în 1979): în Franța, Austria, Italia, Germania, Suedia, Belgia, Spania, Elveția, Olanda, Israel, Australia, Noua Zeelandă, Venezuela... Personalul lor (câte un preot, eventual și un cântăreț) era plătit de Departamentul Cultelor, prin asimilare cu personalul diplomatic (preotul, cu secretarul III de ambasadă, iar cântărețul cu atașatul I).[5] Mai era de lucrat în Statele Unite, care, cum se vede, lipseau de pe lista amintită. Funcționau acolo două eparhii distincte, cea mai importantă dintre ele fiind atașată Bisericii autocefale ame-

4. A.N.R., C.C.P.C.R., C, 12/1979, ff. 3–4.
5. *Ibidem*, 9/1981.

ricane (preponderent rusească). La București, misiunea trasată a fost de a se acționa în vederea unității religioase românești pe continentul nord-american, prin influențarea preoților pentru a ieși de sub jurisdicția Bisericii autocefale americane și a reveni sub jurisdicția Patriarhiei române. Aveau să fie selecționați preoți, călugări și teologi „care să fie trimiși în Statele Unite și Canada la studii, în vizită la rude, sau pentru stabilire, sau pe căi indirecte, fiind instruiți și pregătiți în scopul încadrării lor ulterioare la parohiile vacante din cadrul celor două eparhii".[6] Nu e cazul să ne mai întrebăm dacă toate astea implicau și raporturi speciale între Biserica Ortodoxă și Securitate!

Înalții ierarhi ortodocși se comportau ca funcționari disciplinați ai statului român. Mergeau în străinătate cu „mandat", așa cum îl vedem în 1979 pe patriarhul Iustin Moisescu, în vizită în Suedia. „Mandatul" îi indică punct cu punct ce are de făcut: va înfățișa marile înfăptuiri ale regimului, bunele raporturi dintre stat și Biserică, punând în evidență deplina libertate și egalitate asigurate cultelor, și, firește, va insista asupra luptei pentru pace (cu referire expresă la contribuția adusă de Ceaușescu).[7]

---

6. *Ibidem*, 12/1982.
7. *Ibidem*, 12/1979, f. 17.

O conversaţie aproape suprarealistă are loc între mai-marii Bisericii şi Ceauşescu, cu prilejul alegerii ca patriarh a lui Teoctist Arapaşu (în noiembrie 1986).[8] Tonul e dat de alocuţiunea noului patriarh: „Preţuim la cea mai înaltă valoare capacitatea geniului dvs. creator, adevărat făuritor al vieţii noi din ţara noastră, gândirea dumneavoastră, punând pecetea păcii şi a iubirii de patrie pe tot ceea ce zidiţi şi creaţi în scumpa noastră patrie. Fiecare nouă zidire, fiecare lăcaş, fiecare izvor de lumină şi viaţă poartă pecetea gândirii dumneavoastră geniale, a dragostei faţă de popor şi de ţară, poartă pecetea păcii a cărei vocaţie o transmiteţi cu toată dăruirea şi atâta hărnicie în această epocă pe care o trăim cu toţii şi pe care, pe bună dreptate, o numim «Epoca Nicolae Ceauşescu»". La rândul lui, Ceauşescu îndeamnă la o şi mai mare implicare în lupta pentru apărarea păcii, iar în interior, la fermitate sporită faţă de activitatea diverselor secte religioase. Peste toate, liderul comunist confirmă funcţia naţională a ortodoxiei: „Biserica ortodoxă a fost întotdeauna o biserică care în momentele bune şi rele a mers cu poporul, a mers şi cu crucea şi cu sabia, când a trebuit, a mers cu sabia pentru a apăra independenţa ţării".

8. *Ibidem*, 85/1986.

Acest schimb de amabilități se petrece în momentul de vârf al campaniei de demolare a bisericilor și într-o vreme când viața oamenilor, cufundați în frig, întuneric și lipsuri de tot felul, devenise insuportabilă. Sunt mai mulți preoți care, individual, protestează. Dar nu protestează Biserica, instituția bisericească, în frunte cu ierarhii săi. Era, totuși, singura instituție care ar fi putut schița o împotrivire sau putea măcar să îndemne autoritățile la un dram de moderație. Nu a făcut-o, iar această complicitate, oricâte scuze sau explicații s-ar imagina, rămâne un capitol fără glorie din istoria Bisericii Ortodoxe.

XVII

România în frig și întuneric

COMUNISMUL S-A PRĂBUȘIT de la sine. Nimeni nu l-a împins din afară în prăpastie. Pur și simplu, n-a fost în stare să mai funcționeze. A fost atunci o surpriză de proporții în întreaga lume, dar, judecând astăzi retrospectiv, mirarea nu e că s-a prăbușit, ci că a trebuit atâta timp ca să se ajungă aici. De când s-a născut, comunismul era condamnat să dispară. Contravenea naturii umane și mecanismului firesc al societăților. Dacă a mers atâta vreme – cu destule poticneli – este fiindcă a fost obligat să meargă: a fost împins cu forța. Statul comunist a mobilizat până la ultima picătură resursele naturale și energia umană. Dar o asemenea mobilizare forțată nu putea să dea rezultate la nesfârșit, în lipsa oricărui stimulent, pe care numai concurenţa liberă şi interesul individual, complet dispreţuite, l-ar fi putut aduce. În anii '80 s-a ajuns la scadenţă, şi nu doar în România, ci în tot sistemul sovietic. Trecerea Occidentului la societatea postindustrială a grăbit degringolada comunismului, care n-a înţeles nimic din noile orientări tehnologice: în loc să-şi restructureze economia (oricum, era incapabil de orice fel de restructurare), comunismul a rămas credincios modelului de secol XIX pe care îl urmase de la bun început. Evident că n-a mai putut face faţă.

Economia şi societatea românească sufereau de toate tarele comunismului, şi nu oricum, ci în forma lor agravată. Se importau în neştire materii prime şi surse de energie, pentru a se alimenta un aparat industrial supradimensionat, care nu servea decât pentru a da iluzia unei economii de mare anvergură. Trebuia exportat cât mai mult ca să se poată importa cât mai mult; din nefericire însă, exporturile începuseră să întâmpine dificultăţi pe pieţele occidentale, din pricina calităţii mediocre a produselor. În unele sectoare s-a ajuns să se producă în pagubă, doar de dragul producţiei. Şi, ca şi cum situaţia n-ar fi fost şi aşa destul de gravă, a intervenit şi accesul de „mândrie naţională“ al lui Ceauşescu, obsesia independenţei absolute a României, prin decizia de a se achita cât mai repede şi până la ultimul dolar datoria externă a ţării (vreo 10 miliarde de dolari). România nu mai trebuia să fie datoare nimănui. Asta poți s-o faci – dacă nu ești prea inteligent (fiindcă de fapt n-are rost s-o faci) – în condițiile unui ritm înalt de creștere; dar cum să te apuci de așa ceva când economia dă semne de oboseală? În consecință, s-au redus la minimum importurile (ceea ce a afectat și mai mult o industrie bazată în mare măsură pe importuri) și s-au forțat la maximum exporturile, exportându-se orice putea fi vândut, inclusiv bunuri de consum și alimente necesare populației. Între timp, marile construcții, menite să schimbe înfățișarea țării, mergeau înainte, în ritm accelerat, înghițind și ultimele resurse. În aceste împrejurări, după 1980, condițiile de viață s-au înrăutățit constant, iar din 1985, în ultimii cinci ani de comunism, viața a devenit de-a dreptul insuportabilă (în mediul urban încă în și mai mare măsură decât în cel rural, unde oamenii se mai descurcau cu modestele resurse ale gospodăriei proprii). Magazinele alimentare se goliseră (nu e o figură de stil, erau goale în sensul strict al termenului), iar când se aducea câte ceva, sau doar se zvonea că ar putea să se aducă, se formau în fața lor cozi nesfârșite. Jumătate de an, oamenii tremurau în blocuri sau la locul de muncă, fiindcă nu se mai dădea aproape deloc căldură; dormeau, sub plapumă, îmbrăcați, eventual și cu cojocul pe ei. Se făcea și economie de curent electric, așa că și lumina se oprea, de preferință în cursul serii; ore în șir, în diversele localități și, e drept, numai câte o oră la București. Când mergea curentul, se putea privi la televizor, însă exclusiv între orele 8 și 10 seara; rămăsese un singur canal și programul se restrânsese la două ore. Începea cu *Telejurnalul* de seară, axat în principal pe agenda soților Ceaușescu și pe diversele înfăptuiri ale socialismului, continua, eventual, cu un scurt program artistic, de cântece și recitări patriotice, apoi cu un film, sau mai bine zis, din lipsă de timp, cu o jumătate de film, cealaltă jumătate putând fi vizionată în seara următoare, și se încheia în grabă (ce repede trec două ore) cu *Telejurnalul* de noapte, care relua știrile transmise cu puțin timp înainte. Mulți români renunțaseră să mai urmărească un asemenea program și își făcuseră diverse instalații pentru a avea acces la posturi din afara României. Cei din vestul țării, mai norocoși, îi puteau „prinde“ pe sârbi sau pe unguri, cu emisiuni ceva mai occidentalizate, ieșenii se mulțumeau cu Chișinăul, iar bucureștenii priveau peste Dunăre, în Bulgaria; după câțiva ani de asemenea vizionări, mulți dintre locuitorii Capitalei ajunseseră să se descurce binișor în bulgărește!

Ca și cum deteriorarea condițiilor de trai n-ar fi fost de-ajuns, regimul devenise tot mai abuziv și mai sâcâitor. Militarii, studenții, elevii erau mobilizați pentru diverse munci „patriotice“, evident fără plată (școlile și facultățile participau toamna, săptămâni la rând, la culesul recoltei). În universități, încă de la sfârșitul anilor ’70, se introduseseră din nou forme de discriminare, care aminteau de prima perioadă a comunismului; mai precis, facultățile cu profil politico-ideologic (inclusiv Istoria, ca să dau un exemplu care îmi e mai bine cunoscut) nu-i mai primeau pe candidații cu diverse „tare“ sociale: rude în străinătate, condamnări în familie, copii de preoți... Tipăriturile erau tot mai strict controlate, în ciuda faptului că cenzura (Direcția Presei) fusese desființată în 1977; în pură logică comunistă, dispariția cenzurii însemna însă și mai multă cenzură, aceasta trecând mai întâi în responsabilitatea redacțiilor sau editurilor, cu timpul adăugându-se și un control mai minuțios al textelor și înregistrărilor din partea Consiliului Culturii și Educației Socialiste (echivalentul Ministerului Culturii) și Secției de presă a Comitetului Central al Partidului.

Un amuzament suplimentar pentru intelectuali a fost controlul mașinilor de scris. Acestea se verificau an de an, pentru a li se identifica „amprentele“ (de teama manifestelor, a textelor clandestine). Posesorii unei asemenea aparaturi suspecte trebuiau să le ia în brațe și să meargă cu ele la secția de miliție, unde, sub supravegherea unor milițieni nu foarte prietenoși, erau puși să copieze nesfârșite șiruri de fraze și de semne.

Sunt doar câteva exemple, dintr-o politică de hărțuire permanentă. În materie de a-i scoate pe oameni din sărite, regimul dovedea o imaginație inepuizabilă. Era un cerc vicios: cu cât motivele de iritare se accentuau, cu atât autoritățile, în loc să scadă presiunea, recurgeau la tracasări suplimentare. Asta în vreme ce până și la Moscova, unde Gorbaciov își lansase „perestroika“, bătea un vânt de schimbare. În felul lui, Ceaușescu avea dreptate: simțea că orice „slăbiciune“ reformatoare ar produce fisuri iremediabile, conducând la disoluția regimului (exact ce s-a întâmplat cu Gorbaciov). În fapt, sistemul comunist era oricum condamnat; fie cu reforme, din pricina efectului reformelor, fie fără reforme, din pricina lipsei acestora!

Semnele de nemulțumire s-au înmulțit, însă tot puține au rămas, și mai ales izolate, fără un ecou semnificativ în masa societății: greva minerilor din Valea Jiului din 1977, revolta muncitorilor din Brașov din noiembrie 1987, o disidență ceva mai numeroasă, dar tot extrem de rarefiată... Se părea că românul îndură la nesfârșit, orice i-ai face. România nu va mișca: era convingerea cvasigenerală (inclusiv, evident, a lui Ceaușescu). Se știa doar că „mămăliga nu face explozie“. Profund greșit. Tocmai mămăliga explodează. În lipsa supapelor de siguranță, acumularea tensiunilor conduce inexorabil spre o explozie de mari proporții.

XVIII
Decembrie 1989

REVOLTA A IZBUCNIT LA TIMIȘOARA, la 16 decembrie 1989. Armata a tras; au fost zeci de morți. Pentru a liniști lucrurile, Ceaușescu a reluat, pe 21 decembrie, scena balconului care îi reușise atât de bine în august 1968. Gravă eroare a dictatorului: cineva trebuia să-i adune pe bucureșteni, și acela a fost tocmai el! Același loc ca în 1968, și tot o masă imensă de oameni. Trecuseră însă două decenii. Le-a promis celor adunați un supliment meschin de salariu. Încerca să cumpere o revoluție! I s-a răspuns cu huiduieli. Așa ceva nu se mai auzise în România comunistă. „Vreți șomaj?“, le-a strigat el. Era ultimul argument. Peste noapte, a curs sânge și la București. A doua zi, înconjurat de un milion de oameni, nu-i mai rămânea cuplului dictatorial decât fuga. Un elicopter i-a ridicat de pe terasa Comitetului Central. Au fost prinși, închiși într-o cazarmă din Târgoviște, judecați de un tribunal improvizat, condamnați la moarte și împușcați în ziua de Crăciun.[1]

Revoluția din decembrie 1989 prezintă încă destule zone de umbră. Misterioșii „teroriști", în primul rând, și vărsarea de sânge, care, în loc să se oprească, a continuat și chiar s-a amplificat timp de câteva zile și după fuga soților Ceaușescu. Unele dintre „mistere" vor fi poate cândva deslușite, altele s-ar putea să nu-și găsească nicicând rezolvarea. Perspectiva de ansamblu e totuși destul de clară: știm, în esență, ce s-a petrecut.

A fost o revoluție, așa cum i se zice? A fost mai curând o simplă revoltă populară? Sau o lovitură de stat, care a confiscat revolta, răpindu-i șansa de a se transforma cu adevărat într-o revoluție? Au fost în fapt toate acestea adunate și amestecate: și revoltă populară, și lovitură de stat, și revoluție!

Revolta populară este greu de contestat sau de relativizat. Argumentul că n-ar fi fost întru totul spontană, ci stimulată de „complotiști" din

---

1. Am împrumutat aici un scurt pasaj din cartea mea *România, țară de frontieră a Europei* (2007; reed. 2015, Humanitas, București, p. 142).

interior sau de servicii secrete din afară, nu schimbă (admițând că s-ar dovedi asemenea scenarii) nimic din amploarea ridicării populare. Au ieșit în stradă, primejduindu-și libertatea și chiar viața, sute și sute de mii de oameni. Nimeni n-ar fi putut să-i împingă dacă ei n-ar fi fost gata să o facă.

La fel de evidentă este și lovitura de stat. Bineînțeles că a fost o lovitură de stat, pe fondul revoltei populare. Mulțimea n-avea nici program, nici conducători. Societate civilă structurată nu exista în România, sau se reducea la câțiva disidenți. Puterea au luat-o alții: tot comuniști, din eșalonul doi, sau care fuseseră marginalizați, dintr-un motiv sau altul, de Ceaușescu și eventual „umanizați“ printr-o lungă „traversare a deșertului“.

A fost, totuși, o revoluție – deși negată de unii pe motiv că tot comuniștii au rămas la putere. Nici o revoluție nu se împlinește însă într-o zi. Revoluția nu e un moment, ci un proces. Decembrie 1989 e punctul de plecare al unui șir de transformări care a dus de la România comunistă la România de astăzi. Poate să ne placă sau nu rezultatul, dar odată ce România arată în prezent cu totul altfel decât în 1989 înseamnă că am trecut printr-o revoluție.

Oricât ar părea de ciudat, nu a fost însă în punctul său de plecare o revoluție anticomunistă.

A avut, desigur, și o asemenea dimensiune, rămasă însă minoritară. Oamenii, în majoritatea lor, s-au revoltat din motive mai curând „alimentare“ decât filozofice. Nu împotriva comunismului ca sistem, ci ca răspuns la insuportabila deteriorare a condițiilor de trai, vinovat nefiind socotit neapărat regimul, ci Ceaușescu. Dovezile unei asemenea afirmații? Le vom avea foarte repede, din păcate...

Cât despre noua conducere a țării, aceasta numai anticomunistă nu era: alcătuită, cu mici excepții, din foști lideri comuniști sau din odraslele unor foști lideri comuniști. De altfel, ce să-i pretinzi lui Ion Iliescu? Și-a mărturisit el însuși crezul politic, acuzându-l pe Ceaușescu că a încălcat „nobilele idealuri ale comunismului“. Într-o primă etapă, cel puțin, proiectul său nu mergea mai departe de „perestroika“ lui Gorbaciov.

Din primul moment, noii conducători „democrați“ ai României și-au dat arama pe față. Transmisia revoluției în direct, la televizor, s-a dovedit a fi fost o manipulare ordinară, iar soților Ceaușescu li s-a intentat un proces stalinist, de cea mai autentică speță, cu acuze fantasmagorice și cu pledoaria unui avocat al apărării încă mai acuzator decât procurorul... Se va spune că nici nu meritau altceva, poate însă că societatea românească ar fi meritat altceva. S-a pornit în drumul spre democrație cu stângul.

Găselnița supremă a fost desființarea, trecerea în neant, a Partidului Comunist. Deodată, nimeni nu mai era comunist. Nici Frontul Salvării Naționale, instalat în fruntea țării (prima versiune a actualului P.S.D.), nu avea nimic în comun cu comunismul. Așa că cine l-ar fi putut bănui că frânează detașarea de vechile structuri? E multă minciună la începuturile noii democrații românești.

Cehii au trecut printr-o „revoluție de catifea“, cu ceva îmbrânceli, dar fără victime. Românii, dimpotrivă, au avut parte de o revoluție neînchipuit de violentă, cu o impresionantă vărsare de sânge. Schimbarea politică radicală s-a petrecut însă nu în România, ci în Cehoslovacia, prin venirea la putere a lui Václav Havel. În timp ce, cu Iliescu în frunte, românii au avut parte de schimbare... în continuitate. Cea mai violentă ruptură cu comunismul a fost și cea mai limitată dintre toate.

XIX

Despărțirea de comunism... cât mai încet cu putință

UN LUCRU E SIGUR: românii s-au despărțit anevoie de comunism. Și nu doar fiindcă au fost manipulați. Au fost, fără îndoială, și încă masiv. Semnificativ e însă faptul că s-au lăsat manipulați.

„Ați mințit poporul cu televizorul", scandau pe atunci adversarii regimului Iliescu. Prin televiziune, într-adevăr, noii conducători ai țării au reușit să-și păstreze ani de zile un cvasimonopol al informației. Ca în bunele vremuri ale comunismului, până prin 1995–1996 n-a existat decât un singur canal de televiziune: televiziunea oficială. Aceasta a profitat din plin de atașamentul aproape maladiv al românului (prezent și astăzi) față de micul ecran. După postul îndelungat impus în anii '80, foamea de televiziune era imensă. Doar că, în timp ce propaganda comunistă ajunsese să se limiteze la cele două ore de emisie, acum noii propagandiști aveau tot timpul la dispoziție: în principal, pentru a-i discredita pe adversarii „democrației originale".

Despărțindu-se de comunism, dar reticent și față de modelul occidental, regimul Iliescu lansase, fără teamă de ridicol, conceptul de „democrație originală". După ce inventaseră fantezista variantă ceaușistă a comunismului, românii erau cât pe ce să recidiveze, aducându-și o contribuție similară și la teoria democrației! Asta însemna, de pildă, acceptarea pluripartidismului, dar cu o „forță conducătoare" care ar fi rămas Frontul Salvării Naționale. Reapăruseră pe scenă, încă firave, grupate în jurul supraviețuitorilor din închisori, partidele „istorice": liberalii, național-țărăniștii, social-democrații. Cum sistemul partidului unic nu mai era posibil, tactica regimului a fost de a permite înființarea unui număr nesfârșit de partide, cele mai multe fantomatice, însă toate reprezentate în parlamentul provizoriu al țării. Ion Iliescu pretinde și azi că asta a însemnat adevărata democrație: „să dai drumul" la partide! În fapt, manevra e cât se poate de transparentă: trebuiau devalorizate și sufocate autenticele partide de opoziție.

Câte nu s-au vârât atunci – prin arma absolută a televiziunii – în mintea oamenilor! Pericol, vin moșierii, vă vor lua pământurile: a fost un avertisment cu mare efect. Un tir neîncetat de calomnii lovea în regele Mihai și în monarhie, în genere, în timp ce partizanii regelui, mult mai puțin numeroși decât adversarii, scandau „Monarhia salvează România“. Legionarii erau identificați peste tot; orice adversar al regimului Iliescu risca să se pricopsească cu o asemenea etichetă. „Piața Universității“, cea mai amplă manifestare de protest împotriva „confiscării“ Revoluției, a fost catalogată ca fiind alcătuită din infractori, drogați, legionari... Nici măcar în spiritul comunismului reformist, ci al stalinismului de cea mai joasă speță, Iliescu și ai săi au apelat, în repetate rânduri, la „clasa muncitoare“, aducând cu autobuzele lucrătorii din întreprinderi pentru a sparge manifestațiile de protest. Punctul culminant l-a reprezentat brutala incursiune a minerilor din Valea Jiului la București (14–15 iunie 1990), încheiată cu un bilanț tragic, dar și cu vorbele de mulțumire ale președintelui Iliescu, care a ținut să-i elogieze pe cei care îi dăduseră o mână de ajutor pentru „înalta lor disciplină civică, muncitorească“ (iarăși, o apreciere mai apropiată de spiritul anilor '50; adevărul e că ce înveți în tinerețe se ține cel mai bine minte). Ce mai conta că Occidentul privea cu uimire această țară de-a dreptul primitivă de la marginea Europei!

Chiar ținând seama de toată manipularea și de atmosfera aproape de război civil, rezultatele alegerilor din mai 1990 pot fi considerate în linii mari corecte, adică „autentice". Pentru președinția țării s-au înfruntat Ion Iliescu, liberalul Radu Câmpeanu și țărănistul Ion Rațiu. Rezultatul a fost zdrobitor în favoarea lui Iliescu, care a obținut 85% din voturi (celorlalți doi revenindu-le 10%, respectiv 4%). Nu vreau să spun că toți cei 85% erau comuniști sadea. Erau însă, în genere, în diverse grade, oameni ridicați pe scara socială de regimul comunist, sau care se acomodaseră cu comunismul, sau care ezitau să se lanseze în necunoscut, pe tărâmurile incerte ale democrației de factură occidentală. Una peste alta, erau persoane care nu avuseseră vreun diferend major cu comunismul. 85%. E de reținut. În ceea ce privește partidele, cifrele confirmau tendința: Frontul Salvării Naționale a obținut două treimi din sufragii; liberalii au trebuit să se mulțumească cu șapte procente, iar țărăniștii, cu două și jumătate. De remarcat antipatia pe care a știut să o cultive regimul Iliescu față de Partidul Național Țărănesc, cândva principalul adversar al comuniștilor; așa se explică și faptul că, oricare i-ar fi fost insuficiențele, după revirimentul din anii

Convenției Democrate, acest partid s-a prăbușit și practic a dispărut, plătind oalele sparte, el singur, pentru toți.

Continuitatea cu regimul comunist e vizibilă la nivel instituțional și aproape deplină în ceea ce-i privește pe oameni, mai ales pe cei plasați în poziții-cheie. Serviciile secrete, de pildă, și-au schimbat numele și și-au adaptat obiectivele și metodele: dar, într-o primă fază cel puțin, au rămas tot cu vechii securiști, inclusiv în funcțiile de conducere (și, implicit, cu ceva din vechile nărăvuri!). Academia Republicii Socialiste România a devenit, sau redevenit, Academia Română, deși era îndoielnic dreptul ei moral de a prelua numele vechii Academii, abolită de regimul comunist în 1948; atunci, mai mulți academicieni au pierit în închisoare sau au fost aruncați pe drumuri; acum, singura pierdere umană înregistrată a fost aceea a academicienei doctor inginer Elena Ceaușescu. Din personalul universităților nimeni n-a fost clintit din loc, deși unii profesori numai universitari nu meritau să fie; boicotați de studenți, câțiva au preferat să se retragă în cele din urmă, dar cine a vrut să rămână a rămas. Ce să mai spunem de patriarhul Teoctist, compromis rău de tot cu regimul comunist; se vedeau atunci inscripții pe ziduri, de genul „Teoctist, comunist, securist, antichrist". După ce s-a pocăit o lună, două, la o mânăstire, a revenit, pe deplin purificat, în fruntea Bisericii Ortodoxe. În fond, de ce Iliescu da, și el nu?

S-a văzut cât de mult prinsese și ideologia naționalist-izolaționistă a comunismului. Așa a reușit regimul Iliescu, în primii săi ani, să cultive temeri obscure la adresa Occidentului. „Nu ne vindem țara" a fost unul dintre sloganurile de succes. Și românii reveniți din Occident (cazul lui Câmpeanu, al lui Rațiu) erau priviți cu neîncredere: se molipsiseră de metehnele Occidentului, într-un fel sau altul, și, oricum, „nu mâncaseră salam cu soia" (în contrast cu lipsurile îndurate de românii din țară; de remarcat componenta frecvent „alimentară" a imaginarului românesc). Țara s-ar fi putut vinde la un preț încă convenabil la 1990, însă a rămas să fie furată – gratis, se înțelege – de improvizații capitaliști autohtoni, descinși direct din regimul comunist. Foarte bine, sunt cel puțin de-ai noștri!

În aceste condiții de „continuitate", nimeni nu avea să plătească pentru crimele comise. Deși marii responsabili ai sistemului represiv, Alexandru Drăghici și Alexandru Nicolschi, erau la îndemână (au murit la câțiva ani după Revoluție). Torționarii închisorilor comuniste au continuat să primească pensii substanțiale – doar își făcuseră bine treaba! (Și câți mai sunt în viață le primesc și astăzi.) Se păstrează astfel o justă ierarhie, pensiile foștilor deținuți politici fiind considerabil mai mici. Iar atunci când a intervenit legea de deconspirare a Securității (în 1999), au căzut în plasă nu foștii ofițeri de Securitate, ci doar informatorii Securității (mulți dintre ei trecuți prin închisori și șantajați), ca și cum aceștia ar fi principalii vinovați. Rămâne să ne consolăm cu gândul că în 2007 regimul comunist a fost declarat în mod oficial „ilegitim și criminal". Totuși, nu e prea multă ipocrizie, dacă nu de-a dreptul minciună sfruntată?

XX

Cu ce ne-am ales

NE TRAGEM DIN COMUNISM: incomparabil mai direct decât din daci și din romani, și mai substanțial decât din perioada interbelică, pe care ne place atât de mult s-o invocăm ca punct de plecare imaginar, într-o istorie din care paranteza comunistă ar fi dispărut ca prin farmec. Adevărul este că suntem o altă Românie decât România de dinainte de comunism. Comunismul a distrus enorm și a clădit enorm. Marca pe care a lăsat-o e mai adânc întipărită decât întreaga istorie anterioară.

Desigur, și din comunism se putea ieși mai bine sau mai rău. Românii au „ales" să iasă în varianta cea mai rea, tocmai fiindcă au ezitat mult timp să facă pasul decisiv, pentru a trece hotărât la alt tip de economie și de societate.

Au sperat că vor păstra și în capitalism unele dintre „avantajele“ comunismului. S-au temut de impactul brutal al unei societăți deschise. Dar, până la urmă, s-a consumat și „tranziția“, și suntem astăzi în măsură să apreciem rezultatele. Nu sunt chiar de natură să ne încânte.

Din epopeea industrială a comunismului n-a mai rămas aproape nimic. E un câmp în paragină, presărat cu ruine. Sunt mulți români care regretă colosalul aparat de producție de pe vremuri (nu foarte îndepărtate), care plasa România printre puterile industriale ale lumii și asigura oricărui român un loc de muncă, mediocru plătit... dar garantat. Asupra acestui punct nu mai încape însă îndoială: marea industrie a comunismului nu putea funcționa decât în comunism, în condițiile în care era „obligată“ să funcționeze. Logica economiei de piață nu mai permitea să se producă de toate, cu costuri mari și cu rentabilitate mediocră sau chiar nulă. Unii se lamentează: cum să vinzi ditamai întreprinderea pe câțiva dolari? Bine, dar, dacă nu mai producea decât pierderi, până și cei câțiva dolari se cheamă că n-au fost un preț chiar atât de rău. Acestea fiind zise, nu e mai puțin adevărat că reprofilarea economiei, cu întreaga suită de falimentări și privatizări, s-a petrecut extrem de defectuos. Motivele? Incompetență, pe de o parte, o teribilă mărginire intelectuală: s-a putut constata că nu mari specialiști în economia de piață formase comunismul! Dar, pe de altă parte, și chiar pe partea principală, devalizarea cu bună știință a economiei țării, ceea ce în termeni populari se numește, simplu, hoție: multă, prea multă hoție. Comuniștii știau cel puțin unde vor să ajungă (mai bine n-ar fi știut). Dar România de astăzi încotro se îndreaptă? Are vreun proiect economic coerent? Până una-alta, a devenit aproape legendară incapacitatea românilor de a construi autostrăzi. Ca să nu mai spunem că o țară cu vocație agricolă importă masiv tocmai produse alimentare. Dacă nu e incompetență, atunci ce e?

Da, am spus-o, e și multă hoție. Sub diversele ei forme, această „metodologie“ de trecere la economia de piață explică în bună măsură dereglările României postcomuniste. Cheia problemei e simplă: aproape întreaga avuție națională aparținea statului comunist, adică tuturor, adică nimănui. Și la pândă, înfometată, o întreagă haită, gata s-o înșface, provenită, de regulă, din instituțiile influente ale regimului prăbușit (Securitatea, în primul rând). Așa s-a petrecut un transfer enorm de bogăție și așa s-a creat (nu doar așa, dar în mare parte așa) noua clasă a îmbogățiților. Mulți oameni politici (majoritatea lor?) au participat și ei, și încă din plin, la această competiție a umplerii buzunarelor. Îi numărăm acum, anchetați, unul după altul, de Direcția

Națională Anticorupție. Dar câți vor rămâne neanchetați, „nedoveditți"? Asta a denaturat complet sensul politicii. În România postcomunistă, politica, în loc să fie pusă în slujba țării, a fost, mai înainte de orice, un mijloc de îmbogățire individuală.

În mod ironic, societatea oarecum egalitară fabricată de regimul comunist a condus, după căderea comunismului, la o stratificare socială și mai inegalitară decât cea existentă înainte de comunism. Prăpastia dintre bogați și săraci este acum și mai adâncă. Modelul pare a fi nu capitalismul modern, îmblânzit, ci capitalismul sălbatic al „acumulării primitive". S-a refăcut marea burghezie. S-a refăcut și moșierimea. Se dăduse alarma, pe la începutul anilor '90, că „se întorc moșierii". Și iată-i. Însă – cu mici excepții – nu sunt cei vechi (cărora, oricum, nu le mai rămăseseră mari proprietăți după reforma agrară din 1921), ci noii moșieri, incomparabil mai bogați, stăpâni peste întinderi nesfârșite.

Procesul e încheiat, și ce s-ar mai putea face? Noua clasă dominantă e bine instalată, ancorată solid, la locul ei. Provenită, dacă nu în întregime, în tot cazul în mare majoritate, din structurile comuniste, cu o semnificativă componentă „securistică" (rămânând în seama viitoarelor cercetări, atunci când se vor putea întreprinde, să confirme, eventual să nuanţeze, o asemenea constatare, deocamdată empirică).

Comunismul a pierdut partida. Comuniştii însă au câştigat-o. E ca şi cum întreaga poveste a comunismului n-ar fi avut alt rost decât acela de a înlocui o clasă dominantă prin alta. Cel puţin nu trebuie să ne temem că oamenii aceştia, foşti comunişti sau urmaşi de comunişti, ne vor întoarce spre regimul care i-a ridicat pe scara socială. Nici o grijă, s-au convertit total şi se simt ca acasă în jungla capitalistă. Riscul e mai curând să nu fi devenit prea capitalişti!

Ce ne facem însă cu confuzia intelectuală? Tot din comunism provine. Timp de decenii, s-a practicat amalgamul, mediul intelectual adunând de-a valma intelectuali autentici, intelectuali improvizaţi şi activişti de partid cu vagă spoială culturală, puşi să-i îndrume şi să-i controleze pe cei dintâi. După 1989, cum am văzut, nu s-a făcut nici cea mai elementară curăţenie. Dimpotrivă, s-a dat drumul la o „supraproducţie" de „intelectuali", odată cu proliferarea instituţiilor de învăţământ superior, mai ales a celor particulare (România fiind la acest capitol campioana Europei), care numai scopuri de ordin intelectual nu urmăreau. Ce s-ar mai putea spune, dacă în România până şi serviciile secrete sau poliţia dispun de propriul învăţământ „superior", inclusiv la nivel de şcoli doctorale! Fabrica de diplome a ajuns să fie una dintre puținele industrii românești care funcționează la capacitate maximă. Scandaluri recente au scos la iveală o întreagă mafie a tezelor de doctorat: cumpărate sau plagiate pe bandă rulantă (mai ales în folosul oamenilor politici, care își împodobesc astfel blazonul, printr-un furt intelectual, pe care nici nu-l percep ca infracțiune). A intervenit recent și povestea incredibilă a autorilor din închisori: sute de lucrări „științifice" elaborate de deținuți în vederea unei eliberări anticipate. Cum a fost posibil ca o asemenea maculatură să fie apreciată drept producție științifică?

Sunt mulți oameni de valoare în câmpul intelectual, dar care ajung să se piardă într-un ocean nediferențiat, unde domină adesea mediocritatea și impostura. Ce poate fi mai grăitor decât faptul că până și universitățile românești cu tradiție nu prind decât locurile din urmă în clasamentele internaționale? Grav e că nu se găsește nimeni care să pună ordine și să separe grâul de neghină. România ar avea nevoie de o ofensivă de disciplinare intelectuală, în spiritul junimismului de acum un veac și jumătate. „În lături!", se intitula, cât se poate de explicit, un articol scris de Titu Maiorescu (în 1886). Atunci, s-a reușit, cel puțin la nivelul de sus al vieții intelectuale. Dar era o elită restrânsă și, oricum, de formație occidentală. Acum, ghemul e mult mai încurcat. Ești uluit uneori să constați cum pot gândi până și intelectuali cu poziții recunoscute în societate. Am arătat recent – și e doar un mic exemplu – câte vrute și nevrute s-au putut debita la Academia Română, cu prilejul comemorării lui Eminescu.[1] Pentru mulți, ca și cum terapia junimistă nici n-ar fi existat, patriotismul de paradă trece iar înaintea judecății responsabile. Sunt încă destui istorici pentru care „vechimea, unitatea și continuitatea" poporului român au rămas, ca în Programul Partidului Comunist, cuvinte de ordine, dându-le, se vede, sentimentul că susțin astfel drepturile fundamentale ale națiunii (care ar fi, chipurile, amenințate), rezultatul fiind însă o viziune desuetă și un discurs anost, de care nimeni nu mai ține seama în lumea de azi. Ar fi o dovadă de puținătate intelectuală să ne închipuim că România poate fi reprezentată și apărată de Traian și Decebal sau de Mihai Viteazul; răspunderea nu e a lor, ci a noastră, prin ceea ce producem în prezent, și în spiritul prezentului, inclusiv printr-un discurs istoric adaptat timpului nostru, de natură să trezească interes pentru producția istoriografică românească. (Altminteri, impactul istoriografiei

1. Lucian Boia, *Mihai Eminescu, românul absolut. Facerea și desfacerea unui mit*, Humanitas, București, 2015, pp. 186–191.

„patriotice“ se poate constata urmărind prezența, sau mai corect spus absența românească în recentele istorii ale Europei; una dintre cele mai apreciate, aceea a britanicului Norman Davies[2], care acordă de altfel un spațiu destul de larg Europei Centrale și Răsăritene, ignoră complet istoria României de până la al Doilea Război Mondial: nici o vorbă despre originile daco-romane, despre continuitate, despre apărarea Europei în fața pericolului otoman, despre Ștefan cel Mare și Mihai Viteazul, despre 1859 și 1918... Să fie „străinii“ atât de neînțelegători, sau mai curând românii sunt incapabili să-și promoveze istoria – o istorie inteligentă și credibilă, nu înșiruire de clișee depășite?)

Toate ca toate, dar să nu se spună că era mai bine în comunism! Și asta nu numai fiindcă nu era mai bine, privind lucrurile în ansamblu, nu bucată cu bucată, ci fiindcă întreg dezechilibrul actual al României tocmai în comunism își are originea. Cu alte cuvinte, n-am fi așa cum suntem dacă n-am fi trecut prin comunism. Iată o temă interesantă de *history fiction*: reinventarea unei Românii care n-ar fi cunoscut comunismul. Nu spun că am fi trăit într-o lume ideală. Anii ’30 au fost mai puțin splendizi decât ni-i imaginăm, cu întârzieri, dereglări și tensiuni care ar

2. Norman Davies, *Europe. A History*, Oxford University Press, 1996.

fi complicat inevitabil mersul societății românești. Mi se pare însă de necontestat că România de astăzi ar fi fost mult mai așezată, nu fără corupție, dar cu mai puțină corupție (nici n-ar fi fost atâta de furat!) și cu o elită și mai ales o intelectualitate – o aveam deja în anii '30 – cu adevărat racordată la cultura și spiritul occidental. Plătim azi și vom mai plăti pentru comunism. Tot acolo vrem să ne găsim alinarea? Cam jumătate dintre români se leagănă în genul ăsta de nostalgie. N-ar strica să viseze ceva mai constructiv.

Societatea civilă românească se încheagă extrem de greu. Iarăși o moștenire a comunismului! Colectivismul comunist a avut un rezultat exact pe dos. Oamenii s-au convins că e mai util să alerge și să-și rezolve treburile fiecare pentru sine. „Binele public“ este și astăzi un concept destul de străin mentalității românești.

Occidentul este o societate de reguli. În România ne strecurăm printre ele: o meteahnă, de altfel, mai veche; comunismul a amplificat-o și ne-a lăsat-o ca durabilă amintire. Și acum, prioritatea românului este să se descurce: cu legea, sau pe lângă lege.

De obârșie comunistă este și dramatizarea peste măsură a raportului cu „străinătatea“, amestec de deschidere și închidere, de admirație și respingere, de slugărnicie și accese de orgoliu.

Când ne vom normaliza și vom scăpa de complexe?

Desigur, în toate e și un progres. După cum e stupid să idealizezi comunismul, uitându-i falimentul total, ar fi absurd să nu percepem marile schimbări care s-au petrecut în ultimul sfert de veac. Pe lângă meritul românilor, cât va fi fost, România a avut și mult noroc (ca și în alte momente cruciale ale istoriei: și la 1859, și la 1918...). Norocul, de data asta, a fost extinderea N.A.T.O. și a Uniunii Europene spre Europa Centrală și Răsăriteană. Cât de pregătită era România să intre în structurile europene, cu o corupție a cărei nemaipomenită amploare abia acum am ajuns să o sesizăm (și cu numeroase alte tare sau insuficiențe), nu e cazul să mai comentăm. Bine că s-a trecut peste multe, și am fost primiți în casa construită de occidentali. Dacă tot ne jucăm de-a ficțiuni istorice, cum am fi astăzi și cum am arăta, aflându-ne în afara cadrului atlantic și european? Noi între noi, și doar cu draga noastră clasă politică. Prefer să nu mă gândesc.

Rămâne să sperăm că istoria ne va fi în continuare aliată. Odată ce am intrat în logica unei democrații de tip occidental, s-ar putea ca mecanismul acesta să se dovedească mai puternic decât inerțiile noastre. Cu timpul, comunismul va rămâne tot mai departe, în urmă. Dar câte generații irosite!

Addenda
Teatrul absurdului în comunism: două documente din arhiva Comitetului Central al Partidului Comunist Român

ACESTE DOCUMENTE sunt „preferatele“ mele, dintre toate cele pe care le-am parcurs, căutând prin dosarele conducerii supreme a Partidului Comunist. Sunt parcă mai vii decât altele, mici piese de teatru, s-ar zice, un „teatru al absurdului“, din păcate cu personaje și situații cât se poate de reale. În centru, firește, Ceaușescu, care ne face cinstea să ne împărtășească multe dintre ideile lui fixe; iar în jurul său, nenumărați figuranți cântându-i în strună.

Primul document, datat 30 martie 1977, la scurt timp, așadar, după marele cutremur din 4 martie, dezvăluie, de la primele cuvinte ale dictatorului, „concepția“ sa despre reconstrucția Capitalei. O spune foarte pe scurt, doar în zece cuvinte, dar ce poate fi mai clar: „Să știți că dacă demolăm tot Bucureștiul, va fi frumos" (nimeni, firește, dintre cei prezenți, n-are nimic de obiectat!). Lucrurile fiind clare cu Bucureștiul, se trece la problema acută a disidenților: scriitorul Paul Goma și istoricul Vlad Georgescu. Cei doi sunt catalogați drept „măgari", iar dispoziția dată e că trebuie arestați. Securitatea ar manifesta o intolerabilă slăbiciune: „s-a introdus un spirit nu știu cum dracu' să-l numesc", zice Ceaușescu. Cum disidenții căutau protecție la ambasade, amintește că „avem o lege care interzice orice legătură cu străinii", așa că e cazul „să interzicem complet să se meargă la ambasadele străine". Revenind la istoricul Vlad Georgescu, soluția e „să-l trântim 20–25 de ani și să muncească până o învăța istoria bine. Așa să le facem la toți aceștia, imbecili; nici un fel de inimă față de asemenea oameni... Trebuie loviți, fără cruțare". În ceea ce-l privește pe Goma, „întrerupt telefonul, orice legături, cum încearcă să ia legătura cu ambasadorul, arestat public, pentru spionaj și trimis în judecată". Și cum tot venise vorba de străini și străinătate, „nu se dă nimănui autorizație de emigrare. Se lichidează orice autorizare, în afară de cazurile excepționale". Inclusiv în ceea ce privește căsătoriile, doar „bărbați și femei sunt destui aici". „Sunteți de acord", conchide Ceaușescu, fără să-i mai întrebe dacă sunt sau nu. „Cu asta am terminat ședința."

Până la urmă, se mai găseau unele portițe în acest zid de intransigență. Contau, cât de cât, și presiunile externe. Și Paul Goma, și Vlad Georgescu au scăpat de detenție și au putut pleca din țară. Însă tocmai aici e interesul documentului; îl vedem pe Ceaușescu înfuriat, spunând exact ce are în minte; e mai radical chiar decât Securitatea, reacțiile lui primare sunt pur staliniste.

De remarcat și abundentele greșeli de exprimare (sau de transcriere), unele cu efect comic, precum „stă... la cloacă“ în loc de „stă... la clacă“, sau „ciuma lui Caragiale“ în loc de „ciuma lui Caragea“!

Al doilea document relatează primirea de către Ceaușescu a patriarhului Teoctist, la 14 noiembrie 1986. În ceea ce mă privește, fără comentarii. Las cititorului această plăcere sau neplăcere. Trist spectacol de slugărnicie!

O ultimă precizare: documentele (având cotele Arhivele Naționale ale României, C.C. al P.C.R., Cancelarie, 42/1977 și C.C. al P.C.R., Cancelarie, 85/1986) sunt reproduse prin fotocopiere, pentru a li se păstra înfățișarea autentică. Sunt dactilografiate, ca orice text care circula în zona Comitetului Central, cu caractere speciale, de mari dimensiuni. Ar fi fost din pricina faptului că Ceaușescu refuza să poarte ochelari.

S T E N O G R A M A

şedinţei Comitetului Politic Executiv al Comitetului Central al Partidului Comunist Român

- 3o martie 1977 -

Au participat tovarăşii: Nicolae Ceauşescu, Emil Bobu, Cornel Burtică, Elena Ceauşescu, Gheorghe Cioară, Lina Ciobanu, Ion Dincă, Emil Drăgănescu, Ion Ioniţă, Petre Lupu, Manea Mănescu, Paul Niculescu, Gheorghe Oprea, Gheorghe Pană, Ion Păţan, Dumitru Popescu, Gheorghe Rădulescu, Leonte Răutu, Iosif Uglar, Ilie Verdeţ, Andrei Stefan, Iosif Banc, Ion Coman, Teodor Coman, Mihai Dalea, Miu Dobrescu, Ludovic Fazekaş, Mihai Gere, Vasile Patilineţ, Ioan Ursu.

Tov. Nicolae Ceauşescu:

Să ştiţi că dacă demolăm tot Bucureştiul, va fi frumos. Am fost aici vis-a-vis unde este blocul acesta, cu sportul. Acesta trebuie mutat la 23 August. Ce fel de sport este acesta? Toţi trebuie mutaţi rapid de acolo. Nu se poate una ca asta.

Tov. Elena Ceauşescu:

Este mare clădirea, este imensă.

Tov. Nicolae Ceauşescu:

Este o construcţie destul de bună. Pînă una alta să stea pe teren, la cluburile muncitoreşti în judeţe. Să stea la cluburi pe teren.

./.

Nu avem nevoie de funcţionari; toată activitatea să se desfăşoare acolo. Federaţia, antrenorii să stea pe stadion. Tinem să avem funcţionari la federaţie.

Să vedem dece am convocat şedinţa. In legătură cu unele probleme privind activitatea **măgarului** acesta de Goma, care continuă să ia legătura prin telefon,şi acum, la Europa Liberă, s-a publicat o listă cu aproape 18o de oameni care au semnat-o.

Tot felul de oameni sînt, Nici unul nu este cunoscut; este şi asta adevărat. Aici este, inclusiv un antrenor Horvath Constantin. Nu-l cunoaşteţi. Asta înseamnă că organele noastre de securitate nu şi-au făcut datoria în nici un fel, deşi ne-au spus că ei urmăresc şi ştiu fiecare mişcare a lui Goma. Am aflat că alaltăieri seara a fost la Ambasada americană şi întreţine legătură cu ambasadorul. De altfel, ieri, tovarăşii au arestat un istoric,pe Vlad Georgescu, de la Institutul acesta de istorie.

Tov. Cornel Burtică:

Institutul de studii sud-est europene.

Tov. Nicolae Ceauşescu:

Tot institut de istorie este, şi, care întreţine legături de spionaj cu americanii şi direct cu ambasadorul american.

De altfel, acesta este un măgar, aşa de ultima speţă şi eu le-am dat aprobare să-l aresteze, dar cu întîrziere, după ce a depus documentele, cu întîrziere, la ambasada americană.

De ce trebuia să staţi să depună documentele. Avem din acest punct de vedere nişte carenţe foarte serioase în activitatea organelor noastre de securitate. Pentru că aceasta, indiferent de elementul declasat care este, trebuia de la început,ca şi în cazul altora, de comunicat organizaţiilor de partid judeţene, trebuia acţionat cu fermitate. Nu s-a făcut nimic.

./.

Tovarăşii mi-au spus: "Am mai înregistrat, ştim noi cîte ceva"! Nu se poate să stăm aşa; s-a introdus un spirit nu ştiu cum dracu să-l numesc, dar parcă sînt nişte protopopi la interne.

Problemele umanitare, problemele umanismului revoluţionar, presupun inclusiv măsuri ferme împotriva oricăror manifestări duşmănoase care lovesc în interesele poporului, ale clasei muncitoare

Am spus, nu o dată, că mai sînt elemente deplasate pe care de asemenea, nu le poţi folosi. Sigur, că lumea, atmosfera generală, şi astăzi mergeau femei, bătrîni, tineri, îţi dădeau flori, dar pe lîngă cele 21 şi ceva de milioane sînt şi nişte derbedei şi vor fi şi peste loo şi peste 2oo de ani. Impotriva acestora, a sta cu mîinile în sîn, înseamnă a da dovadă de lipsă de umanitarism. Nu îl înţeleg pe Coman şi nici pe ceilalţi de la interne. Staţi jos, nu prin ridicarea în picioare se soluţionează problemele. Mi-e imposibil să înţeleg acest lucru.

Am convocat întreaga conducere, pînă la şefii de secţie din Ministerul de Interne, din direcţiile acestea, pentru că trebuie să punem foarte serios ordine aici. In primul rînd, trebuie pus capăt oricăror activităţi şi legături ale lui Goma cu orice legături cu ambasade străine. Trebuie arestat şi trimis în judecată pentru spionaj.

In general trebuie să atrag atenţia că chiar nişte activişti ai noştri, care întreţin legătură cu reprezentanţe străine, ambasadori chiar, s-a creat la mese o stare de liberalism, deşi avem o lege care intrezice orice legătură cu străinii, decît prin organismul nostru şi convorbirile nu se fac decît în mod organizat şi în prezenţa a unei alte persoane, chiar dacă cineva ştie bine limba. Nu se respectă, însă, acest lucru. Trebuie să interzicem complet să se meargă la ambasadele străine. Iar la recepţii cei care au aprobare.

./.

Sînt unii tovarăşi pe care îi găseşti la toate recepţiile, cum este Mihnea Gheorghiu, care stă toată ziua la recepţii şi la cloacă. Trebuie cu hotărîre pusă capăt unor asemenea stări de lucruri. Să se discute clar, cu activul, începînd de astăzi şi mîine, cu activul central, în conformitate cu legea şi cine o încalcă, fără nici un fel de autocritică, imediat scos din muncă, sancţiuni de partid şi trimis în fabrică, la muncă. Să terminăm cu această indisciplină.

Mai sînt unii care o fac pe oamenii atotştiutori, pe oamenii un fel de "mecena", care apar ca sprijinitori ai artei, ai culturii, poartă discuţii libere, pînă cînd sînt gata să meargă şi în piaţă să discute. Trebuie şi aici să punem capăt. Am mai discutat. Orice activist de partid, care discută în afara organizaţiilor, va fi imediat sancţionat prin scoaterea din muncă. Indiferent cine este. Nu am ajuns un grup mic-burghez. Sîntem un partid revoluţionar şi cine nu se supune disciplinei revoluţionare, trebuie să tragă consecinţele. Nu putem să admitem nici un fel de indisciplină şi dezordine. Dacă au ceva de spus să spună în organizaţia unde îşi desfăşoară activitatea. Oricine va discuta aceste lucruri în afară, trebuie să punem capăt şi să tragă învăţăminte. Indiferent ce probleme discută: politice, economice, trebuie făcute numai în organizaţiile de partid. In afară, trebuie să explice şi să susţină politica generală a partidului!

Aceasta este o obligaţie elementară. ABC-ul de a fi membru al Partidului Comunist Român şi,cu atît mai mult, de a fi activist al Partidului Comunist Român.

Intr-un şir de domenii, să revedem cum este şi cu Institutul acesta de istorie. S-au aciuit tot felul de elemente deplasate. Nu vor lucra decît comuniştii care au o poziţie fermă pe linia generală a partidului.

./.

Iată, la acesta, tovarăşii au găsit o lucrare la el despre istoria P.C.R.,din ce perioadă?

Tov. Teodor Coman:

Din 1944 pînă în 1977.

Tov. Nicolae Ceauşescu:

In care era întreaga politică a partidului. Acum că îl plăteam institutul acesta, a scris altă lucrare. Cum îi zice?

Tov. Nicolae Pleşiţă:

"Ciuma lui Caragiale", o parodie în legătură cu acest caz, cu cutremurul din zilele noastre. Calomniază grav politica partidului, legată de eforturile de redresare ale economiei noastre.

Tov. Nicolae Ceauşescu:

Si să-i dăm acum"ciuma", să-l trîntim 2o-25 de ani şi să muncească pînă o învăţa istoria bine. Aşa să le facem la toţi aceştia, imbecili; nici un fel de inimă faţă de asemenea oameni.

Tov. Elena Ceauşescu:

Să foloseşti şi acest prilej, este o calamitate naturală, să-l dai pe seama partidului, este inadmisibil, este un ticălos. Libertatea este libertate, dar pentru a-şi bate joc de popor, de eforturile lui, pentru aceştia nu există nici un fel de libertate.

Tov. Nicolae Ceauşescu:

Trebuie loviţi, propriu-zis, fără cruţare.

Aceasta ca măsură generală, tovarăşi, care să fie luate peste tot unde avem asemenea oameni. Să discutăm pe aceea, care nu au asemenea manifestări, să-i facem să înţeleagă, să-i determinăm ca fiecare să-şi vadă de treabă acolo unde este pus.

Cu acesta care este aici, cu Goma, nici un fel de mişcare. Intrerupt telefonul, orice legături, cum încearcă să ia legătura cu

./.

ambasadorul, arestat public, pentru spionaj şi trimis în judecată. Fără nici un fel de discuţii şi cu toţi care vor proceda aşa.

Aceştia care sînt pe lista aceasta, cu organele de securitate respective, o comisie de partid în fiecare judeţ, să stea de vorbă cu ei, să se vadă dacă este aşa sau nu, pentru că nu s-a stat de vorbă cu niciunul şi să se procedeze în raport cu poziţia pe care o vor avea. Chiar dacă este aşa cum se spune aici că ia dat telefon, să fie puşi în colectivul de întreprindere în discuţie, judecaţi, şi ce vor hotărî muncitorii. Dacă vor să-i bată, să-i bată. Să-i lăsăm, într-adevăr, pe oameni să-i judece şi aici care se dovedesc aşa, nu pot rămîne în întreprinderile respective.

Aici, comisia cu Verdeţ, Stănescu, Burtică, Popescu şi ministrul de interne, mă refer la cadrul acesta,să analizeze toate aceste probleme şi să urmărească cum se aplică aceste măsuri. Imi raportează zilnic.

Am pus aceste probleme aici, la Comitetul Politic Executiv, pentru că este vorba de probleme de muncă, de partid, de măsuri de partid şi cu aceasta trebuie să încetăm cu activitatea de propagandă. Sigur, organele de securitate îşi fac datoria pe linia lor în conformitate cu legile. Trebuia să-şi facă, pentru că eu nu sînt mulţumit de felul cum s-a acţionat şi consider că nu şi-au făcut datoria. Aceasta în legătură cu problema aceasta. Pe urmă vreau să mai trec la un aspect.

Spuneţi ce părere aveţi? Dacă sînteţi de acord.

Tov. Dumitru Popescu:

Cu ambasadorul american trebuie să se mai discute.

Tov. Nicolae Ceauşescu:

Da. Sigur, dacă cineva are o altă părere, rog să o spună aici. Sîntem de acord, da. Să nu spună nimeni că am avut alte păreri

./.

şi nu am fost ascultat. Dacă are altă părere îl rog să spună aici şi să hotărîm aici.

Cine are altă părere?

Nu sînt alte păreri.

In legătură cu problemele ridicate alaltăieri cu emigrarea. Am dat deja tovarăşilor din secretariat, care se ocupă cu domeniul acesta, nu la toţi, Verdeţ, Burtică, Popescu, Andrei, Stănescu şi ministrul de interne, sarcina de a clarifica bine şi de a spune răspicat, de a fi o linie foarte clară: nu se dă nimănui autorizaţie de emigrare. Se lichidează orice autorizare. In afară de cazurile excepţionale. Problema reuniunii familiilor,care realmente, înseamnă familie, care este prevăzută în legile noastre pînă la gradul 3-4, unde este vorba de reuniune şi, s-a demonstrat, că prin comisia de partid le soluţionează în general într-un spirit de înţelegere pentru a veni în întîmpinarea acesteia. Si, am spus, că pe linia aceasta un şir de măsuri de propagandă pe linia partidului, presei, radioului, televiziunii.

Dacă şi asupra acestor probleme sîntem de acord cu toţii?

Tov. Cornel Burtică:

Să indicaţi să se întrunească şi Consiliul naţionalităţilor.

Tov. Nicolae Ceauşescu:

Am stabilit pentru săptămîna viitoare, însă măsurile acestea sînt şi pe linia politică.

Tov. Petre Lupu:

Poate ar trebui mai bine concretizat cadrul familiei.

Tov. Nicolae Ceauşescu:

Noi avem o lege care prevede pînă la gradul 2-3, chiar şi în codul muncii.

./.

Tov. Petre Lupu:

Codul familiei este prea direct.

Tov. Nicolae Ceauşescu:

Noi avem o lege. Este o lege specială în materie şi aceasta este valabilă. Aici sînt părinţii şi copii. Nu merg nici la frate şi nici la vär. Acesta nu se poate duce la frate; numai dacă este minor atunci merge la frate, la întreţinere şi,dacă, nu are pe nimeni.

Tov. Teodor Coman:

Si la căsătorii la fel.

Tov. Nicolae Ceauşescu:

Si aici trebuie să desfăşurăm o muncă. Cînd cineva este chemat, să înţeleagă că găseşte şi aici, bărbaţi şi femei sînt destui aici.

Numai pentru aceasta am convocat, pentru că şedinţa propriu-zisă o s-o facem pe marţi.

Trebuie să discutăm un şir de probleme legate de Congresul ţărănimii şi alta legată de retribuţie, aşa cum am stabilit să le pregătim, ca să realizăm creşterea cu 3o la sută a retribuţiei şi o serie de probleme cu pensiile ţărănimii. O să le vedeţi cînd sîntem gata.

Sînteţi de acord. Cu aceasta am terminat şedinţa.

3o.III.1977
CV/2 ex.

S T E N O G R A M A

primirii de către tovarăşul Nicolae Ceauşescu, preşedintele Republicii Socialiste România, a patriarhului Bisericii Ortodoxe Române, Teoctist Arapaşu.

- 14 noiembrie 1986 -

La primire au participat tovarăşii Manea Mănescu, vicepreşedinte al Consiliului de Stat, şi Ion Cumpănaşu, preşedintele Departamentului Cultelor.

Au fost de faţă membrii Sinodului permanent al Bisericii Ortodoxe Române - Antonie Plămădeală, mitropolitul Ardealului, Nestor Vornicescu, mitropolitul Olteniei, Nicolae Corneanu, mitropolitul Banatului.

Teoctist Arapaşu:

Mult stimate domnule preşedinte Nicolae Ceauşescu,

Preşedintele Republicii Socialiste România,

Sînt foarte emoţionat şi recunoscător pentru acest moment deosebit de însemnat din viaţa mea, cînd mă prezint în faţa dumneavoastră pentru a vă mulţumi personal cu toată recunoştinţa în numele Sinodului şi clerului Bisericii Ortodoxe Române pentru confirmarea prin înalt Decret prezidenţial a alegerii mele ca patriarh al Bisericii Ortodoxe Române. Sîntem toţi, cu toată suflarea noastră, admiratori ai domniei voastre.

Preţuim la cea mai înaltă valoare capacitatea geniului dvs. creator, adevărat făuritor al vieţii noi din ţara noastră, gîndirea dumneavoastră, punînd pecetea păcii şi a iubirii de patrie pe tot ceea ce zidiţi şi creaţi în scumpa noastră patrie. Fiecare

./.

nouă zidire, fiecare lăcaş, fiecare izvor de lumină şi viaţă poartă pecetea gîndirii dumneavoastră geniale, a dragostei faţă de popor şi de ţară, poartă pecetea păcii a cărei vocaţie o transmiteţi cu toată dăruirea şi atîta hărnicie în această epocă pe care o trăim cu toţii şi pe care, pe bună dreptate, o numim "Epoca Nicolae Ceauşescu".

Făcînd parte din această epocă, noi sprijinim înfăptuirea ei. Noi, clerul, Biserica Ortodoxă Română vom depune eforturile noastre şi pe această nouă cale pe care pornim acum prin puterea înaltului Decret prezidenţial pe care l-am primit potrivit vechilor noastre pravile româneşti.

Vă încredinţăm în numele întregii noastre Biserici că prin eforturi sporite vom sprijini munca avîntată a poporului nostru, minunatele dumneavoastră iniţiative închinate zilnic ridicării scumpei noastre patrii.

Vom duce cu noi împreună peste tot şi cu mijloacele noastre proprii ideile de pace, de apărare, ideile de mare valoare umană şi socială, pe care dumneavoastră le aduceţi necontenit în gîndirea actuală a ţării noastre, a poporului nostru şi a lumii întregi.

Vă rugăm ca în aceste clipe să ne îngăduiţi să vă exprimăm cît ecou a avut în inimile noastre noua iniţiativă pentru reducerea cu 5 la sută a cheltuielilor, armelor, efectivelor şi cheltuielilor militare, cît ecou puternic a însemnat aceasta pentru conştiinţa noastră de fii ai poporului.

In ziua de 23 noiembrie vom fi alături de întregul nostru popor şi vom spune un DA hotărît pentru pacea vieţii, pentru viitorul luminos al harnicului popor român.

Vă rog să-mi îngăduiţi cu tot respectul ca în aceste clipe luminoase de adîncă responsabilitate şi în numele Sinodului

./.

permanent, al clerului şi credincioşilor, să ne îndreptăm un gînd de aleasă cinstire şi preţuire către doamna Elena Ceauşescu, om de ştiinţă de renume mondial, care prin iniţiativele şi măsurile pe care le întreprinde pentru ştiinţa românească aduce un aport şi în ştiinţa universală.

Cu această gîndire vă mulţumesc pentru încrederea pe care ne-aţi acordat-o şi vă asigur că mă voi strădui să fiu la înălţimea încrederii arătate prin semnarea Decretului prezidenţial.

Să trăiţi mulţi şi fericiţi ani !

Tov.Nicolae Ceauşescu:

Eu aş dori în numele Consiliului de Stat, al meu personal, să vă adresez cele mai calde felicitări pentru alegerea dumneavoastră ca patriarh al Bisericii Ortodoxe Române. Confirmarea, conform obiceiurilor străvechi din ţara noastră, vine să sublinieze că Biserica Ortodoxă Română, prin întreaga ei activitate, trebuie să slujească poporul, munca de făurire a noii revoluţii sociale, a societăţii socialiste multilateral dezvoltate, pentru bunăstare materială, spirituală, de întărire continuă a prestigiului ţării, activitatea sa externă de pace şi colaborare cu toate naţiunile lumii, fără deosebire de orînduire socială.

Doresc să vă urez ani mulţi, succese în întreaga activitate şi să-mi exprim convingerea că aşa cum au făcut şi predecesorii dumneavoastră, şi mai actuali şi mai îndepărtaţi, veţi fi întotdeauna un patriarh care să îndrume activitatea credincioşilor ortodocşi spre unitate, spre înfăptuirea năzuinţelor de bunăstare, de independenţă, de libertate şi de pace a poporului.

*

Cred că a fost unanimitate în Sinod ?

./.

Teoctist Arapaşu:

A fost unanimitate deplină. De altfel, în anii noştri este această conştiinţă a unanimităţii nu numai pe planul nostru bisericesc, dar şi pe acţiunile pe care le-aţi animat dumneavoastră şi care ne sînt nouă aşa de scumpe. In asemenea împrejurări participă toţi reprezentanţii din toată ţara.

Tov.Nicolae Ceauşescu:

Este foarte bine de folosit acest prilej legat de organizarea referendumului pentru pace. Sînt şi ceva reprezentanţi străini. Poate ar fi bine de folosit acest prilej pentru a schimba păreri cu privire la intensificarea luptei pentru pace. In fond, trebuie să facem totul pentru a se elimina armele nucleare din Europa, în primul rînd, unde există deja un acord între Statele Unite şi Uniunea Sovietică şi după aceea pentru eliminarea lor totală, precum şi pentru reducerea armelor convenţionale. Pacea trebuie să fie problema centrală, indiferent de credinţa unora sau altora, toţi trebuie să înţeleagă că pacea este esenţială.

Teoctist Arapaşu:

Noi vom avea prilejul, domnule preşedinte, să ne întîlnim în zilele următoare - duminică şi luni - cu reprezentanţi ai bisericii din Apus şi din Răsărit, din Orientul Mijlociu.

Tov.Nicolae Ceauşescu:

Cu atît mai mult trebuie insistat în problema soluţionării conflictelor prin tratative, inclusiv în Orientul Mijlociu, pentru că popoarele lumii doresc pacea. Chiar la această mică întîlnire din Costineşti au venit reprezentanţi ai opiniei publice din Israel, din O.E.P., au discutat cum să ajungă la pace, la convieţuirea celor două naţiuni, naţionalităţi, în pace. Pentru că nu

./.

există altă cale. Trebuie ca Biserica Ortodoxă să se angajeze în această activitate şi pe plan internaţional cu mai multă forţă. Sigur, după cîte ştiu,celelalte culte din România au o poziţie similară. Există un comitet.

Tov. Ion Cumpănaşu:

Se fac reuniuni comune.

Teoctist Arapaşu:

Am avut trei pînă acum numai în ţara noastră. Unul dintre cei care a participat la Costineşti a cerut şi s-a întîlnit cu noi.

Antonie Plămădeală:

Era preot catolic şi s-a arătat deosebit de recunoscător pentru onoarea de a veni în ţara noastră. Dacă mi-aţi permite să redau cum spunea, de a veni în "ţara lui Ceauşescu", o spunea în mod foarte simplu dar emonţionant pentru noi. A fost emoţionat de primirea care i s-a făcut.

Tov.Nicolae Ceauşescu:

Nu vreau acum, dar poate vom găsi un prilej să discutăm şi unele probleme legate de activitatea unor secte faţă de care Biserica Ortodoxă ar trebui să fie mai activă.

Nicolae Corneanu:

Am vrea să vă spunem că şi pe plan internaţional am întreprins unele iniţiative - conduşi de ceea ce domnia voastră ne-aţi spus şi sfătuit întotdeauna pentru eliminarea prozelitismului acesta care devine din ce în ce mai activ.

Tov.Nicolae Ceauşescu:

Sînt tot felul de cercuri care încearcă să folosească grupurile de secte şi care pînă la urmă devin instrumente ale

./.

diferitelor cercuri din străinătate. Or, Biserica Ortodoxă a fost întotdeauna o biserică care în momentele bune şi rele a mers cu poporul, a mers şi cu crucea şi cu sabia, cînd a trebuit. A mers cu sabia pentru a apăra independenţa ţării.

Teoctist Arapaşu:

Si în această privinţă, dacă ne îngăduiţi, vă sîntem recunoscători pentru că aţi arătat în multe împrejurări datoria noastră de a fi alături de poporul nostru în toate împrejurările. Istoria ne-a dat multe exemple, faţă de slujitorii istoriei care nu s-au jenat să pună mîna şi pe sabie şi ne sînt pildă.

Noi, biserica noastră - cum ştiţi - în baza libertăţii religioase, facem parte din aceste foruri internaţionale creştine unde ducem cu noi întotdeauna mesajul dumneavoastră. In numeroase rînduri ne-a fost dat să trăim satisfacţia aceasta a unanimităţii şi acolo în străinătate unde am prezentat fapte ale poporului român, iniţiative pentru pace. In faţa tuturor conferinţelor creştine pentru pace, care îmbracă toate religiile din lume, cu care noi stabilim raporturi frăţeşti, am vorbit de încetarea prozelitismului.

Nicolae Corneanu :

In condiţii de loialitate am încercat să gravităm în jurul nucleului care este patria noastră.

Tov.Nicolae Ceauşescu:

Sigur, Biserica Ortodoxă este independentă din acest punct de vedere. Insă, întotdeauna organismele internaţionale şi religioase şi de altă natură au fost un mijloc de amestec în treburile interne. Evoluţia istorică a dus ca biserica ortodoxă să se dezvolte în ţările în care există în mod independent, deşi a avut

./.

întotdeauna şi au şi acum anumite relaţii, după cîte cunosc, dar fiecare îşi păstrează deplina independenţă şi autonomie.

Teoctist Arapaşu:

Chiar această alegere a conducerii bisericii noastre este un fapt practic că biserica noastră este independentă. Ei vin acum şi participă la solemnităţi.

Tov.Nicolae Ceauşescu:

Trebuie ca şi relaţiile de prietenie, colaborare în toate domeniile să fie bazate pe respectarea independenţei. Problema principală este pacea în ceea ce priveşte activitatea internaţională. Nu se mai pune problema să se schimbe crucea cu sabia sau altă armă nici în viitorul apropiat, deoarece am convingerea că vom ajunge la dezarmare, dar biserica trebuie să participe la activitatea de dezvoltare a patriei. Nu în sensul că să pună mîna pe sapă - deşi unii o fac şi acum şi trebuie să o facă şi în viitor, dar trebuie să participe activ la realizarea programelor de dezvoltare ale ţării. Acestea sînt de fapt două probleme fundamentale - dezvoltarea ţării, bunăstarea poporului, independenţa, suveranitatea sa şi pacea.

Nicolae Corneanu:

Am avut de curînd o întîlnire la nivelul tuturor bisericilor ortodoxe, la Geneva, unde al patrulea punct de pe ordinea de zi a fost tocmai acesta enunţat de dumneavoastră: grija bisericilor în apărarea păcii. Delegaţia noastră a avut acolo doi mitropoliţi. Am exprimat principiile dezvoltării şi am introdus ideea păcii axată pe dreptate socială, care nu poate fi decît pe o nouă ordine economică internaţională. Era tendinţa ca aici, ţinînd un discurs pios, ca în secolul al XVI-lea, să nu fie în concordanţă cu activitatea actuală. Am venit cu aceste idei şi vă mărturisesc că au intrat în documentul final.

./.

Tov.Nicolae Ceauşescu:

Apreciez mult toate acestea şi încă o dată vă urez succes. Este practica în biserică, după cîte ştiu, să se bea vin. Dar, la noi este o hotărîre să nu se bea în sediu.

Teoctist Arapaşu:

Cea mai nobilă băutură binefăcătoare este întîlnirea cu dumneavoastră astăzi.

Sănătate şi mulţi ani !

Noi nu scăpăm prilejul mîine să închinăm pentru poporul nostru, după tradiţia noastră străveche, personal pentru preşedintele ţării.

CV, 2 ex.

Cuprins

Lucian Boia
Balcic.
Micul paradis
al României Mari

ISBN 978-973-50-4305-6
224 pp., 2014

Până la a fi românesc, din 1913, Balcicul era doar un spectacol al mării și un seducător amalgam etnic și cultural de la marginea fostului Imperiu Otoman. Dacă administrația noastră preia un târg modest, pictorii dau aici de Orient în toată splendoarea sa, dar mai ales de un peisaj și de o lumină cu totul aparte. Deși îl vizitase în 1915 și văzuse ce era de văzut, regina Maria se îndrăgostește de Balcic abia în 1924, într-atât de puternic, încât își construiește, pe țărmul stâncos și sălbatic, un adevărat paradis. Se poate spune că datorită ei, din acest moment, mitul Balcicului nu mai are nevoie de combustia istoriei, este pur și simplu sincron cu realitatea, ba chiar o înrâurește, dându-i o strălucire fără egal în perioada interbelică. Boema artistică, animatorii culturali, scriitorii, arhitecții și chiar și politicienii vin vară de vară la Balcic, înfrumusețându-l și pregătindu-l pentru o promițătoare carieră de stațiune marină și culturală.

Lucian Boia
Primul
Război Mondial

ISBN 978-973-50-4416-9
120 pp., 2014

La ce bun să rediscuți vinovățiile sau responsabilitățile, deja de mult stabilite și chiar asumate? De ce ar fi potrivit să se rescrie „semantica“ urmărilor imediate sau cu bătaie foarte lungă? Are rost să-i identificăm pe învingători și pe învinși, când poate, de fapt, Europa a fost marele perdant? Dacă ne dorim ca istoria acestui continent să însemne mai mult decât o simplă juxtapunere de istorii naționale, fiecare rodându-și și reciclându-și, între propriile granițe, propriile mituri și „idei de-a gata“, e necesar să facem, cu obiectivitate și cu deschidere, exerciții de imaginație precum această carte, să căutăm implicațiile mai profunde ale întâmplărilor și să găsim un echilibru în interpretare. În mod cert, Primul Război Mondial ne determină să privim lucrurile și întreaga noastră evoluție cu mai multă înțelepciune.

Lucian Boia
Dosarele secrete ale agentului Anton

ISBN 978-973-50-4455-8
292 pp., 2014

Fie că i se cere, fie din proprie inițiativă, Petru Comarnescu divulgă tot, de cele mai multe ori, pe un ton neutru; în anumite cazuri, totuși, când se referă la persoane pe care le antipatizează sau care l-ar fi nedreptățit, comentariile devin acide, iar informațiile sau insinuările, compromițătoare. Își găsesc aici o supapă și frustrările (acute) sociale și intelectuale ale lui Petru Comarnescu. Iată-i, prinși ca într-un insectar, pe toți cei care nu i-au acordat importanța meritată!

Verdictul moral nu poate fi decât unul de vinovăție; excesul de zel anulează până și circumstanțele atenuante care s-ar fi putut altminteri invoca (marele vinovat, în toate, fiind regimul comunist). Însă valoarea literară a multor pagini este indubitabilă. Laolaltă, alcătuiesc un fel de *Comedie umană* a lumii intelectuale și artistice românești din anii '50 și '60. Petru Comarnescu și-a ratat „marea operă" a vieții. Să o fi reușit agentul Anton? (Lucian BOIA)

Lucian Boia
Suveranii României. Monarhia, o soluție?

ISBN 978-973-50-4604-0
112 pp., 2014

„Rămâne de netăgăduit faptul, verificat până azi, de la o generație la alta, că în societatea românească persoana învestită cu autoritate ajunge să reprezinte mai mult decât instituția în sine, iar normele, fie ele și constituționale, sunt cu deosebire elastice. «Ce bine e când o țară are un suveran inteligent», i-a spus odată regele Carol I lui Petre P. Carp. Răspunsul acestuia din urmă – politician renumit pentru replicile lui memorabile – a căzut, tăios și definitiv: «Nu, Maiestate, ci o dinastie e într-adevăr întemeiată numai când [țara] poate respecta pe un rege prost». Altfel spus, într-un sistem cu adevărat funcțional, capacitățile intelectuale ale suveranului sunt indiferente, și chiar e de dorit ca acesta să nu facă prea mare uz de ele. Regele întruchipează punctul fix al edificiului național, și rostul său, înalt simbolic, nu este acela de a se agita pe scena publică și de a căuta soluții la problemele curente." (Lucian BOIA)

Lucian Boia
Cum
s-a românizat
România

ISBN 978-973-50-4832-7
144 pp., 2014

„Fiecare popor își are propria experiență cu «ceilalți». Puține însă în asemenea măsură și cu asemenea intensitate precum românii. Situat într-o regiune «deschisă» și multă vreme vag structurată, actualul spațiu românesc a cunoscut o diversitate de dominații politice și de infuzii etnice și culturale." În Vechiul Regat de dinainte de 1918, populația orașelor era cât se poate de amestecată sub aspect etnic și cultural. În perioada interbelică, România Mare cuprindea, alături de românii majoritari, o diversitate de naționalități ca niciunde în Europa. Lucian Boia înfățișează modul cum, începând cu cel de-al Doilea Război Mondial, apoi în perioada comunistă și în anii care au urmat, această diversitate a dispărut aproape cu desăvârșire. România e astăzi mai românească decât oricând. Din păcate, arată autorul, și românii s-au „românizat", rupându-se în mare măsură, prin izolaționismul practicat de regimul comunist, de valorile culturii occidentale pe care se clădise România modernă.

Lucian Boia
Mihai Eminescu, românul absolut

ISBN 978-973-50-5043-6
224 pp., 2015

Istoria nenumăratelor distorsionări pe care le-a produs în ultimul secol și jumătate cultul „poetului național“ merită astăzi parcursă. Volumul de față o prezintă cu detașare, acuitate critică și finețe a observației. Oare vom reuși cândva să-l vedem (și să-l citim) pe Eminescu eliberați de mitologia creată, de un secol și ceva, în jurul imaginii lui? În orice caz, istoria exagerărilor pe marginea numelui său e plină de învățăminte.
Pentru intelectualul român din vremurile moderne, n-a existat de altfel piatră de încercare mai mare decât „Eminescu“ – un nume în fața căruia nu oricine și-a păstrat luciditatea și discernământul. La început victimă a detractorilor din epocă, el a căzut curând pradă zelului glorificatorilor, care l-au sechestrat în irealitatea omagiului lor. Și cine, astăzi, în afară de Lucian Boia, ne poate ghida mai bine pe acest teritoriu minat de fantasme, pentru a reveni pe tărâmul istoriei reale?